registros
akashicos

registros akashicos

Anna Ramon Pinto

Título: *Registros Akashicos Sistema Annamorah*
© 2014, Anna Ramon Pinto

www.annaramon.com
info@annaramon.com

Autoedición y diseño: Anna Ramon Pinto

Primera edición: septiembre de 2014
Segunda edición: junio de 2015
Tercera edición: febrero de 2017
Cuarta edición: enero de 2019

Impreso en España

ISBN-13: 978-84-17781-17-0

Todos los derechos reservados. No se permite la reproducción total o parcial de esta obra, ni su incorporación a un sistema informático ni su transmisión en cualquier forma o por cualquier medio, sea éste electrónico, mecánico, por fotocopia, por grabación u otros métodos, sin el permiso previo y por escrito del autor. La infracción de los derechos mencionados puede ser constitutiva de delito contra la propiedad intelectual
(Art. 270 y siguientes del Código Penal).
El copyright estimula la creatividad, defiende la diversidad en el ámbito de las ideas y el conocimiento, promueve la libre expresión y favorece una cultura viva. Gracias por comprar una edición autorizada de este libro y por respetar las leyes del copyright al no reproducir, escanear ni distribuir ninguna parte de esta obra por ningún medio sin permiso.

Dedicatoria

A Dios/Diosa que Yo Soy en Mí.

A mis hijos Joan y Paula, por ser el latido de mi corazón y mis ángeles aquí en la Tierra y a mi marido Joan por su amor, su paciencia y apoyo, gracias por ser mi espejo y mi toma de Tierra.

A mis tres Hadas de Luz, Eva Santos, Mercè Rovirosa y Núria Egozcue, por ser mi Círculo Sagrado de Luz y Amor.

A Isabel Aragón, mi hermana del alma, a Ana Mitxelena por darme el empujón, el apoyo, la fuerza y el amor para empezar esta bella misión de escribir libros akashicos.

Al Consejo Kármico y al Tribunal de la Justicia Divina por permitirme llevar a cabo esta bella misión como Emisaria y Transmisora de estas sabias enseñanzas, a los Maestros del Registro Akashico por toda la información recibida y su asistencia amorosa, a mi ángel de la Guarda, al maestro Jeshua y a Mikael, el arcángel príncipe de la luz, por ser mi mano derecha. A Madre María, Isis y Kwan Yin, por desplegar mi parte femenina divina. A Metatrón y Melkizedek por custodiar el Sistema Annamorah y ofrecerme el honor de ser el canal para descodificar el lenguaje de luz akashico.

Bendigo a todas las personas que aparecen en mi vida y hacen posible mi expansión como Persona y como Ser de Luz.

A ti, que estás leyendo esto, te doy las Gracias por estar en mi camino y hacer posible que se haya podido realizar este trabajo, puesto que está designado para ti.

Índice

Expectativas 11
Introducción 13

ANNAMORAH

Capítulo I. El comienzo 19
Capítulo II. El proceso 23
Capítulo III. Annamorah 27
Capítulo IV. Como soy arriba soy abajo 35

PRIMERA PARTE: LOS REGISTROS AKASHICOS

Capítulo I. Los registros akashicos 41
Capítulo II. El proceso del alma 45
Capítulo III. El lenguaje universal de la luz 53
Capítulo IV. Discernir 65
Capítulo V. Aura e interferencias 73

GUÍA DIVINA

Capítulo VI. El consejo karmico 79
Capítulo VII. La Justicia Divina 83
Capítulo VIII. Dioses, Escribas y Guardianes 89

SEGUNDA PARTE: GUÍA PRÁCTICA

Capítulo I. Llaves akashicas 99
Capítulo II. Transmutación de memorias karmicas 105
Capítulo III. Guía para la lectura akashica 113
Capítulo IV. El Proceso Completo 121

TERCERA PARTE: FICHAS TÉCNICAS Y RECURSOS

Fichas técnicas 129
Recursos. 155
Iniciación. 185
Testimonios y experiencias .191
Notas finales. 201

Expectativas

Todos tenemos expectativas. A veces esperamos una cosa y luego es otra. Te invito a que te pares un momento antes de empezar a leer este libro y escribas en esta página qué es lo que esperas de esta lectura y de las enseñanzas que contiene este libro. De esta forma al finalizarlo, podrás ver si las ha cumplido, si no lo ha hecho, o si ha sido más de lo que pensabas recibir. Y por favor, escríbeme un mail comentándome qué te ha parecido y dale una valoración y reseña en Amazon para ayudarme a mejorarlo!

Gracias de antemano y Gracias por estar aquí. Anna

INTRODUCCIÓN

ESTIMADO LECTOR: Este es el comienzo de un nuevo camino en tu vida y estoy convencida que si pones en práctica todo lo que vas a aprender en este libro, será uno de tus próximos y mayores retos. Cabe recordar que, por elección álmica, escogiste tú mismo este camino, aunque ahora no lo recuerdes. Es ahora en esta Era, la Era Dorada del Despertar, que ha llegado el momento.

No estarás solo en el proceso, te acompañaré durante tu aprendizaje, de manera consciente o inconsciente ya que yo misma escogí transmitir el mensaje y tú, ponerlo en práctica. Esto conlleva que es tu deber implicarte en tu propio proceso, porque nadie más que tu puede hacer tu camino; podemos acompañarte y guiarte a seguirlo y hacer que tu camino sea más liviano y dulce, pero eres tú quien debe dar cada paso, caminar, y correr si hace falta.

Eres un Ser único y excepcional en evolución, y tienes la oportunidad a cada momento de aprender todo aquello que ya está disponible para la humanidad para el desarrollo de su propio camino espiritual. En este caso, recordar y aprender a ser un Canal Akashico.

Bajo la petición de los Maestros del Akasha, del Consejo Kármico y del Tribunal de la Justicia Divina se me ha pedido que transmita el conocimiento recibido hasta ahora en forma de libro, que plasme toda la información que se me ha dado para poder llegar a todas aquellas personas que estén dispuestas y preparadas a dar un gran salto en sus vidas, a transformar y elevar sus frecuencias lo más alto posible en este plano para el proceso que se está llevando a cabo: la Ascensión Planetaria y Humana.

La Ascensión no significa tener que pasar por el proceso de la muerte física específicamente, sino que es la subida a otro nivel superior de consciencia y de vibración. Este proceso está ya disponible para los habitantes de la Tierra en forma de técnicas específicas que elevan la frecuencia al máximo para conectar con las energías del Alma. Y la técnica de apertura akashica que voy a enseñarte es una de ellas.

En este libro vas a encontrar toda la información para que obtengas tu propia auto maestría interior, aprendiendo a abrir las memorias de tu alma y del alma de los reinos vegetal, animal, mineral y humano, así como de nuestro amado planeta Tierra y el Cosmos. También tendrás acceso a la apertura de las memorias de lugares y objetos, pudiendo ampliar tus conocimientos al máximo para poder desarrollarte como canal akashico.

Tendrás acceso a todas tus existencias pasadas para entender los procesos de tu existencia actual y tus posibles futuros probables. Podrás ver soluciones a tus problemas, entenderás tus comportamientos y podrás alinearte contigo mismo, experimentando profundas sanaciones a todos los niveles.

Toda la información contenida en este libro está basada en mis propias experiencias, canalizaciones y enseñanzas recibidas desde el Akasha para aprender a leer los Registros Akashicos, y más allá de darte una oración que te conecte con ellos, recibirás la sintonización e iniciación para estar conectado con la frecuencia akashica.

Porque así es como desde el Akasha se me ha pedido que lo haga, y mi misión es transmitirlo sin modificaciones ni interferencias, desde las más altas frecuencias de Luz, que son la Luz del Espíritu.

Compilar todo el material y realizar el trabajo que ahora te presento aquí no ha sido fácil, pero ha sido muy gratificante y placentero. Que ahora esté en tus manos significa que hemos hecho bien nuestro cometido pues este libro se ha escrito para ti, que ahora estás leyendo esto.

Siempre serás libre de decidir si deseas que te acompañe personalmente en tu camino de vida, si es así, no dudes en contactar conmigo.

Gracias, Gracias, Gracias
ANNA RAMON PINTO.

Annamorah

Capítulo I: El Comienzo

A los 17 años tuve un desmayo en el que me di un gran golpe en la cabeza, y estoy convencida que allí empezó mi despertar espiritual. Poco después escribí mi primera canalización a través de escritura automática, un cuento que titulé Quien Soy Yo y Qué Hago Yo Aquí, sin ser consciente, por supuesto, de todo lo que aquellas palabras significarían en mi vida. Escribí en aquella canalización, mi misión en forma de cuento, pero yo no me di ni cuenta de ello. El cuento termina con las palabras "y tumbándose en el suelo al lado de su fiel caballo, entró en el más dulce sueño".

Este "dulce sueño" fueron mis siguientes 17 largos años de duro aprendizaje de mí misma, aprendiendo de todas y cada una de las experiencias, situaciones, pensamientos, emociones, pasando la "noche oscura" de la que habla Jesús, una noche oscura que se me hacía eterna y que duró toda mi juventud. Perdí casi por completo el contacto con mi Yo Superior, conmigo misma, me perdí en el camino, me olvidé de mí completamente, quedándome solamente la Fe en Dios.

Incluso dejé de canalizar..., pero todo formaba parte del plan, de mi plan de vida, de mi misión. Y tenía que ser así, sino no hubiera podido aprender todo lo que ahora sé y que me sirve para discernir, para guiar y para ayudar a otros en su proceso, igual que hice yo conmigo misma. Solo a través de mis propias experiencias y aprendizaje puedo ayudar a los demás.

El 3 de marzo del 2003 (3/3/3), después de 17 años de silencio de mis Guías y mi Yo Superior, tuve de nuevo una escritura automática. Esta vez era el Arcángel Gabriel, con una canalización inesperada, donde se me llamaba para servir, donde se me decía que debía poner en práctica todo lo aprendido. Se me dio libre albedrío para escoger si llevar a cabo mi misión o no. Y por supuesto, después de estar estos 17 años pasando por todos los procesos de oscuridad habidos y por haber, accedí.

Justo estos 33 días más tarde, el 6 de abril del 2003 el amado Arcángel Miguel se me presentó en el entresueño justo antes de despertar momento en que no estás ni dormido ni despierto) diciéndome que había llegado la hora, y poniendo sus manos encima de mi chakra corona, abrió, activó y conectó mi Tubo de Luz en su totalidad con la Fuente/Dios/a/Yo Superior. No tengo palabras para describir lo que sentí. No podía ni reír, ni llorar, ni hablar, sólo sentía dentro de mí el Amor Divino de la Fuente, del Padre/Madre Dios Yo Soy. Fue una iniciación en la que, según el Arcángel Miguel, se me daba todo (entendí que se me activaba todo el conocimiento divino). En aquel momento me di cuenta que, lo que me estaba dando, era tan grande, que ni yo misma era consciente ni sabía la magnitud de todo lo que conllevaría aquella apertura, aquella iniciación. Lo que me hizo el Arcángel Miguel en aquella iniciación, fue activarme todos los diferenciales total y completamente, pero se me dijo que se iría abriendo poco a poco para no saturarme y poder hacer bien mi trabajo. Y cómo no, aún ahora se van abriendo esos paquetes de información que él descargó en mí, estando en continua enseñanza, porque esto no se acaba nunca, cuanto más sé, menos sé.

El aprendizaje consciente empezó después de esta iniciación; encontré el cuento que escribí llamado Quien Soy Yo y

Qué hago Yo Aquí 17 años después, entre las páginas de un libro, y al leerlo, se me llenaron los ojos de lágrimas, entendiendo y comprendiendo cada palabra, cada frase, cada mensaje oculto en el cuento... la emoción me conmocionó. Entonces empezó mi instrucción; estuve tres años canalizando mensajes donde el Arcángel Miguel y el amado Maestro Jeshua me instruían y me guiaban en mi proceso (y siguen guiándome actualmente, claro). Esta apertura me abrió las puertas a mi sabiduría interna y al reencuentro de mi misma. En todo este proceso me di cuenta de todo lo aprendido durante los 17 años que "estuve dormida", cómo es la oscuridad y todos sus secretos, pues me vi inmersa en ella total y completamente. Y este aprendizaje me serviría para poder trabajar desde la Luz, como Canal de la Misma Luz, porque la Luz solo se ve en la oscuridad y hay que pasar por este proceso para poder saber discernir, ya que si no.. .¿Cómo se sabe si algo viene de la luz o no? Solo hay una respuesta: aprendiendo a discernir. Y para discernir hay que conocer las dos partes: luz y oscuridad.

    Ahora tengo la sensación que hace mucho tiempo que todo esto sucedió, y en realidad no hace tanto, a medida que avanzó en mi camino voy saliéndome del tiempo y del espacio...

Capítulo II: El Proceso

Quiero aclarar antes de seguir que, cuando te hablo del Alma o Yo Superior me refiero a lo mismo, por lo que a veces leerás Alma y otras veces Yo Superior, según me va saliendo mientras escribo.

Todos, absolutamente todos los seres humanos somos canales de Luz. Y esta es una verdad que es irrevocable. Algunas personas encarnamos con la misión de utilizar nuestro canal para la sanación y la reconexión de otros canales pero otras personas nunca serán conscientes de ello... todo va en función de lo que se decide llevar a cabo en el espacio entre vidas antes de encarnar, y de la evolución del alma. Encarnar significa "meterse dentro de un cuerpo de carne". Y al hacerlo, es sólo una parte pequeñita del Alma la que se mete dentro del cuerpo. Pero esto te lo explicaré más adelante.

Para estar sintonizado con la frecuencia de los Registros Akashicos hay que tener el interruptor que conecta con esta frecuencia en estado ON (encendido). Todos tenemos un Panel de Luz. Este panel podemos compararlo con el panel que existe en una casa: un panel donde múltiples diferenciales permiten que la casa tenga luz. Pues nosotros lo mismo. Nuestro panel está lleno de diferenciales que nos conectan con las diferentes y múltiples vibraciones que existen, en realidad hay un diferencial para cada frecuencia.

Cuando nacemos, todos los diferenciales están hacia arriba, están conectados y activados. Lo que ocurre es que, a través de las creencias de nuestros padres, tutores, la sociedad, etc, los diferenciales se van bajando, se van desconectando y desactivando.

Entonces, ¿cómo los podemos volver a conectar?

En el año 2003, a través de la experiencia que viví personalmente con el Arcángel Miguel, se me dijo que sólo podía hacerse este proceso de re-activación de dos maneras: o te activaban directamente tus Guías o Maestros Espirituales o lo hacía una persona en la Tierra que estuviera activada en estas frecuencias.

En todo mi proceso espiritual, que lo llevo desarrollando desde bien jovencita, todas las iniciaciones y sintonizaciones que he recibido han sido dadas por mis Guías y Maestros desde el etérico, aunque luego yo necesitaba encontrar a alguien que, aquí en la Tierra, me iniciara también. Pero esto no fue fácil, pues no conocía a muchas personas dedicadas a ello, por lo que el proceso fue largo y duro, muchas veces incomprensible. Pero, a pesar de todo, yo seguía adelante buscando quien me confirmara todo lo que a mí se me estaba dando. Hubo veces que encontré. Otras veces no.

Con los años he aprendido que si te activan "desde arriba", créetelo, no hace falta que busques a nadie que te active, pues muchas veces es así como debe ser. Y confía, confía que es verdad, que lo que se te ha dado es cierto, es real.

El proceso de sintonización y conexión va a cargo de los Maestros del Akasha, y a esto lo llamamos Iniciación. Una Iniciación es una apertura del canal de Luz en la que se colocan las llaves pertinentes en el sitio adecuado (esa es mi tarea como te he comentado antes), para que, únicamente los Maestros del Akasha, activen y conecten tu Tubo de Luz con la Fuente y con tu Alma, y se conecte todo aquello que ya está disponible para ti según tu evolución. Por supuesto el Gran Director de todo esto es tu Alma o Yo Superior.

Iniciación significa comienzo; el comienzo de un camino de reencuentro contigo mismo, por lo que mi consejo es: tómatelo con calma, sin prisas pero sin pausas, y práctica, practica mucho contigo y con los demás para reforzar tu canal de Luz y la conexión con tu Ser.

Yo simplemente soy un canal, una enviada para transmitir y legar la información. Se me dieron unas llaves que son el puente para subir los diferenciales que están bajados. Y éste es mi cometido: poner las llaves en cada diferencial que está bajado para que sean los propios Maestros del Akasha quienes te activen y conecten todo aquello que, por tu evolución álmica, ya está dispuesto para tu desarrollo álmico y espiritual. Al hacerlo de esta manera, el proceso se lleva a cabo correctamente y desde la frecuencia más alta de luz, que es la frecuencia de tu Yo Superior o Alma.

Tener el canal activado significa que ya nunca más estarás desconectado de ti, de tu interior, de la vocecita que te habla muchas veces, sí, aquella que oyes en tu pecho y que muchas veces no le haces ni caso..., tendrás acceso a la información que precisas a cada instante, cuando tu desees, ganarás tiempo (no perderás tiempo buscando fuera lo que tienes dentro), y te mantendrás en el eterno ahora constante.

Tras haber sido iniciado, activado y conectado, empezarás el bonito proceso de aprender a descifrar el lenguaje de la Luz y saber cómo se comunica tu alma contigo. Encontrar todas aquellas respuestas que durante tanto tiempo has estado buscando y te has estado haciendo. Podrás probar, notar y sentir la energía del Registro Akashico en ti.

¿Te das cuenta de lo que esto significa?

Podrás tomar tu propio poder desde el ahora y estar conectado con tu Yo Superior (o Alma) en todo momento. Te proclamarás Maestro de tu Propio Ser, porque si este libro está en tus manos, es que ya llegó la hora, ahora es el momento.

El proceso de apertura y comunicación de tus memorias se realiza a través de mantras sagrados después de haber sido sintonizado. Estos mantras sagrados actúan como puente energético para activar tu nombre a la vez que proporciona la protección de Dios alineándote con tu Alma.

Lo que vas a aprender en este libro es a conectar directamente con tu Alma de manera consciente, sin necesidad de entrar en meditación y sin esfuerzo. A medida que avances en la práctica, te será cada vez más fácil, y cada vez que abras tus Registros Akashicos recibirás una sanación de la más alta energía que te dará la posibilidad de crecer espiritualmente.

Tú ya has tenido muchas veces contacto con tu Alma de manera inconsciente; seguramente recordarás alguna vez que te has visto hablando contigo mismo... bien, pues esta conversación contigo mismo no es más que el contacto directo con tu Alma o Yo Superior. Tus intuiciones no son más que los mensajes de tu Yo Superior. Si sigues lo que te dicta tu corazón, tu intuición, nunca te equivocas, ¿verdad? Pues con toda la información contenida en el libro aprenderás a conectarte fácilmente y de manera ordenada, tal como funciona el universo: siguiendo un orden.

Los velos van desapareciendo y es el momento de que cada uno coja su propio poder y se auto-proclame Maestro de Sí Mismo.

Capítulo III: Annamorah

En el año 1997 tuve mi primer contacto con Reiki a través de terapias que recibía de mi terapeuta, y no fue hasta el año 2001 que me inicié en el primer nivel y en el 2002 en el segundo nivel. En el año 2003, después de la experiencia de iniciación con el Arcángel Miguel y pasados los tres años de instrucción con él y con Jeshua, y conociendo ya el proceso de maestría Reiki que me proporcionó él mismo, me inicié en la Maestría Reiki con el Maestro Paradharmadas. Entonces todo fue muy rápido y apareció Magnified Healing® en el 2006. En el 2007 oí por primera vez la palabra Registro Akashico y resonó tanto en mí que no paré hasta encontrar quién pudiera enseñarme la técnica para acceder.

El camino no fue fácil, no encontraba a nadie que impartiera cursos, y los que los impartían sólo lo hacían de forma presencial y fuera de España. Hasta que conocí a Eulalia Camps, en marzo de 2009, con quien, a través de un taller de meditaciones, accedimos a los registros akashicos. Y cuál fue mi sorpresa al entrar en mi propio registro y encontrarme en el mismo "lugar" donde yo siempre iba desde jovencita a resguardarme de los miedos y la oscuridad que me acechaba. Este lugar era el único espacio en mi, donde tenía contacto conmigo y con mis Guías, era el espacio sagrado donde yo iba cuando me sentía perdida y me encontraba mal, porque allí no podía entrar nada más que Luz y Seres de Luz. Y en ese taller, cuando entré en mi Registro Akashico, vi que estaban todos los Guías y Maestros que me habían estado acompañando durante toda mi vida.

Ese día se me mostró que siempre había estado conectada con los Registros, que ya desde bien joven todas las canalizaciones y mensajes que había tenido venían de los Registros Akashicos; yo los llamaba "mensajes de los Ángeles". Al fin y al cabo es lo mismo.

Me dieron nuevas pautas de trabajo; enseñar a conectar con los registros akashicos de manera fácil y sencilla. Y me pregunté ¿cómo lo enseño si yo lo hago de forma natural? Eulalia me dio permiso para enseñar y dar sus meditaciones, pero yo sabía que había muchas personas que no visualizan, que les cuesta meditar... entonces esta manera no me servía para abarcar a todo el mundo, y sabía que tenía que hacerlo de otra manera pero ¿Cuál?

¡Busca! Esta fue la respuesta.

Y tal como dijeron mis guías, busqué y encontré. Jeshua no deja de recordármelo a menudo: cuando te sientas perdida, busca y encontrarás, llama y se te abrirá. ¡Menos mal que existe san google! (yo lo llamo la gran biblioteca terrestre). Al unísono, fueron guiándome desde el Registro Akashico, cuando hacía las meditaciones de Eulalia. En una de ellas, con los auriculares puestos, mientras iba siguiendo la meditación, no veía nada de lo que dicha meditación decía. Me saqué los auriculares y me dejé llevar por lo que iba viendo y se me iba diciendo. Los mismos Maestros del Registro Akashico me llevaron a la Sala de Iniciación y abrieron mi Tubo de Luz, iniciándome de nuevo, igual que el Arcángel Miguel hizo conmigo en el año 2003. Era el mismo proceso: los mismos sentimientos, las mismas emociones, aquel amor inexplicable con palabras....

Es tanto lo que se siente, que no hay suficientes palabras para describirlo y cada vez que lo recuerdo se me pone la piel de gallina. Fue un regalo divino. Los Maestros del Registro Akashico me dijeron que yo debía enseñar y hacer lo mismo a otras personas, me capacitaban para ser el canal akashico que soy.

Pero me di cuenta que me faltaba la parte teórica para dar un curso. ¿Cómo podía enseñar a leer los registros akashicos sin tener apenas información de los mismos?

Siguiendo su primer consejo, busqué y busqué hasta que encontré a Mª Florencia Lozada con quien realicé todos los cursos para aprender a leer y enseñar a ser Lector de Registros Akashicos. Ella me dio los manuales que yo necesitaba y cuando los leí, ¿puedes creerte que el procedimiento de apertura del Tubo de Luz era exactamente el mismo que me habían hecho el Arcángel Miguel en el 2003 y los Maestros del Registro Akashico en aquella meditación con Eulalia? ¡Creiblemente cierto!

Ya tenía todo el material para empezar a enseñar.

¡Nunca imaginé que iría todo tan rápido! Ni tan siquiera me había planteado enseñar a nadie... En un mes, en octubre de 2009 di mi primer taller de Registros, me lancé sin apenas tener tiempo de programar, deliberar... ¡menos mal que los Guías son unos estupendísimos ayudantes!!

¡Gracias!

Tras 3 o 4 talleres, los Maestros del Registro Akashico me dijeron que tenía que dejar de utilizar aquellos manuales, que tenía que hacer todo de manera diferente, que debía desarrollar un nuevo Sistema de lectura de Registros Akashicos para la Tierra y la humanidad a través de mis propios manuales. Esto no es nada fácil, son muchas horas de trabajo, de conexión y de canalización, de búsqueda de información y de correcciones continuas para que todo se entienda a la perfección, y llegue de la manera más clara y transparente. Si has desarrollado un manual, sabrás de qué te hablo.

En una sesión de canalización con mis Maestros, hace ya unos años, se me dio el nombre Annamorah. Vibró en mí desde el primer momento y desde entonces he ido descubriendo parte de lo que soy y de lo que he venido a realizar en esta encarnación con este nombre. La combinación entrelazada de sus letras da lugar a varios significados que marcan mi actual existencia.

Annamorah es mucho más que un nombre para mí; es mi proyecto de vida. Poco a poco he ido descubriendo su significado y la información que contiene. En este caso me corresponde a mí, pero también soy consciente que cuando otra persona trabaja el Sistema Annamorah, el que te muestro en este libro, también se impregna de toda la energía que contiene y se alinea con el Propósito de Dios, su propio Propósito Divino. El significado de sus letras entrelazadas y leídas, tanto del derecho como del revés, tiene la siguiente descodificación:

Anna: es mi nombre en esta encarnación. De origen hebreo, significa llena de Gracia, compasiva, misericordiosa; o bien aquella con compasión y gracia. También significa mujer hermosa.

Namo: viene de la palabra en sánscrito Namasté, que significa saludo en reverencia.

Amor: mi herramienta principal y la base de mi existencia.

Roma: leído al revés es amoR. El espejo en el cual todos nos vemos reflejados. De ahí la frase "todos somos espejos los unos de los otros", para vernos y descubrir el Amor que todos somos.

Ra: Dios del Sol, quien me acompaña y guía, la fuente de energía. También son las siglas de Registros Akashicos.

Ora: del verbo orar, significa reza, rezo.

Aro: Circulo, el círculo divino, sagrado, que contiene todo.

Ah/Ha: es el aliento divino, el primero y el último suspiro de nuestra existencia. AH es una terminación cósmica, son los hermanos provenientes del Himalaya y regiones del misterio, de aquellos lugares del recuerdo de la humanidad donde se convino en guardar los anales del tiempo pasado y el tiempo a venir. Son gente muy alegre y segura, abierta y sensible, en permanente lucha contra las fuerzas negativas, Representan en este momento las defensas espirituales y mentales del planeta plano de tercera dimensión a nivel cósmico. Ellos fortalecerán y apoyarán, protegiendo la Misión. Los AH acompañaron a la creación de la vida animal, cambiando el carácter dimensional para asumir la condición humana y adquirir la herencia evolutiva del planeta.

Morah: en hebreo antiguo significa enseñar. En el hebreo moderno Morah significa Maestra.

Annamorah suena igual que la palabra enamorar cuando se pronuncia en catalán, enamorarse de uno mismo.

Amora: junto a Heros son los Elohim del tercer rayo, rayo rosa del amor divino, de la omnipresencia, de la compasión, de la caridad, y del deseo de ser Dios en acción mediante el amor del Espíritu Santo, la Tercera Persona de la Trinidad. Heros y Amora infunden en la tierra, el aire, el fuego, y el agua con el poder cohesivo del Espíritu Santo, el principio integrador de la vida. Por el poder de su amor, los planetas se mantienen en sus órbitas y los electrones continúan en sus trayectorias designadas. Heros y Amora focalizan las energías del chakra del corazón del planeta en su retiro situado en el plano etérico sobre el lago Winnipeg,

Manitoba, Canadá.

Aroma: perfume, olor muy agradable. Muchas son las veces que se huele a aroma de incienso sin estar ninguno encendido, o a flores sin haberlas cerca. Para mí son los Ángeles mostrándome que están conmigo acompañándome.

Roma: leído al revés es amoR. El espejo en el cual todos nos vemos reflejados. De ahí la frase "todos somos espejos los unos de los otros", para vernos y descubrir el Amor que todos somos del que se sustenta el Sistema Annamorah.

Ramo: un manojo de flores, hierbas o ramas nos recuerdan que la vida del espíritu nunca muere, sino que nace, crece, se expande en su totalidad y se contrae cada día para renacer de nuevo.

Seguro que a medida que vayan pasando los años terrenales, iremos descubriendo mucho más sobre este nombre.

He formado a muchos Lectores de Registros Akashicos desde el año 2009, dando cursos presenciales, a distancia y online con el sistema que desarrollé y sigo desarrollando llamado Sistema Annamorah, actualmente SARAH (Sistema Annamorah de Registros Akashicos).

A finales del año 2013 se me dijo que debía enfocar el Sistema Annamorah de forma diferente; debía darle la vuelta y hacerlo de otra manera. Entonces cogí los manuales, los unifiqué y modifiqué, tal como me iban dictando los Maestros y mi Yo Superior a través del Registro Akashico.

En mitad de este proceso, tuve una conversación con mi amada Joana Benet, en la que ella empezó a canalizar a los Maestros, diciéndome y recordándome que tenía que escribir libros. Y recordé que tenía pendiente escribir el libro sobre los Registros Akashicos. Desde aquella conversación que tuvimos hasta el día de hoy, no ha habido día en que recuerde que soy una Escriba de los Registros Akashicos, que lo que es arriba es abajo, y que por designio divino, la misma tarea que hago en el Akasha, debo hacerla en la Tierra. Gracias Joana.

Poco después, mi amiga y hermana del alma Ana Mitxelena, me trajo la inspiración que precisaba para llevar a cabo esta preciosa misión, que es transmitirte a ti y a todo el que lo desee, toda la información que he compilado y canalizado durante estos años para leer los Registros Akashicos. Gracias Ana.

Este no es un libro cualquiera. Es un libro para que adquieras la Automaestría Akashica y te conviertas en Canal Akashico, para desarrollar tus dones como Lector de los

Registros del Alma, y toda la información que necesitas está plasmada en su totalidad en este libro. El Sistema Annamorah, este libro de Automaestría, viene directamente de los Registros Akashicos y son los mismos Maestros y mi Yo Superior quienes me han pedido que deje de hacer manuales y lo comparta todo en este libro.

Como Facilitadora, Emisora, Escriba y Transmisora Akashica, si así es tu deseo y con tu permiso, seré el puente para que los Maestros Akashicos te activen a ti tal y cómo me activaron a mí. Sigue leyendo y sabrás cómo tu activación e iniciación puede llevarse a cabo. Lo tienes todo aquí, en tus manos, en estas páginas.

Lógicamente, si deseas realizar el taller online de certificación, con seguimiento y tutoría personalizada, sólo debes escribirme un e-mail a info@annaramon.com o entrar en mi página web www.annaramon.com y consultar toda la información. Estaré feliz de poder acompañarte en tu proceso.

Y en este punto, por mi parte, sólo recordarte que yo únicamente soy el canal, el puente entre Tú y Tu Mismo. El resto lo vas a hacer tú y los Maestros del Registro Akashico. Porque este libro es para todo el mundo en Servicio a la Humanidad. Porque es la puerta, es la llave que te abrirá las puertas al contacto directo con tu Yo Superior, a conectar con tu Alma, tu Esencia Primigenia Sagrada, a tomar el lugar que te corresponde por derecho divino, a sentarte en tu trono como Rey o Reina de tu propio Reino.

Capítulo IV: Cómo soy arriba soy abajo

Empecé mi cometido álmico dentro de los Registros Akashicos, siendo escriba de un Gran Ser llamado Toth el Escriba. Durante mucho tiempo estuve aprendiendo a registrar todas y cada una de las facetas del Ser estando encarnado. Libros y más libros de luz en letras doradas, cada una de ellas escritas literalmente tal como se iban recibiendo. Una bonita tarea que llenaba mi espíritu y mi alma de sabiduría, pues iba aprendiendo de cada ser humano encarnado en un planeta habitable de tercera dimensión. Después de un tiempo siendo escriba, se me dio la oportunidad de formar parte del equipo de los impresores akashicos. Cada alma posee su libro de vida personal. Los impresores se encargan de encuadernar todas las páginas del libro del alma que ha encarnado una vez ha dejado el cuerpo físico. Allí aprendí a coser todos aquellos libros, imprimir sus bellísimas tapas y forjar con Luz dorada su nombre en ellas. Una vez terminado cada libro, éste era cedido al bibliotecario personal del alma para ser colocado en el lugar correspondiente en su Registro Akashico. Tuve entonces la oportunidad de conocer a Anubis, quien me enseñó a traspasar a través de los velos del olvido Fue entonces cuando me convertí en barquera. Barquera, aquella que ayuda a traspasar a través del puente arcoiris, aquella que traspasa las nieblas de Avalon, la que acompaña al despertar de la conciencia entre lo visible y lo invisible…

Todo este aprendizaje realizado en los Registros Akashicos siendo Alma de Luz no encarnada, lo he recuperado en ésta existencia, aprendiendo de mi misma, para luego enseñar y guiar a aquellas personas que tienen como cometido en esta existencia, ser Escribas Akashicos.

Ser barquera de Anubis, me ofrece la oportunidad de ayudar a otras personas a traspasar los velos del olvido para que puedan llegar hasta su Alma, acceder a sus Registros Akashicos, poder consultar sus memorias álgidas sin tener que pasar por el proceso que llamamos muerte.

Como Soy Arriba Soy Abajo

PRIMERA PARTE

LOS REGISTROS AKASHICOS

Capítulo I: Los Registros Akashicos

Sabemos que existen 5 elementos: Agua, Aire, Tierra, Fuego y Éter. Akasha significa "Eter" o "materia universal". Es el vacío que contiene todo y nada, donde se permite existir y manifestarse.

Todas nuestras imágenes mentales, las que vemos y las que no vemos, son creadas por el Akasha. Solamente podemos ver y percibir el Akasha cuando toma una forma y se materializa. El Akasha no se encuentra fuera de Uno mismo, está integrado en el Ser Humano en una vibración más elevada. Podemos tener acceso al Akasha y, por tanto, a los Registros Akashicos si elevamos nuestra frecuencia vibratoria.

Todo ocurre en el AQUÍ Y AHORA. Por lo tanto, toda la información de todas tus vidas y experiencias está Aquí y Ahora. Todo está sucediendo al mismo tiempo Aquí y Ahora, el pasado, el presente y los futuros probables, pues el tiempo y el espacio no existen en realidad. Y como todo está en el Aquí y Ahora, se tiene acceso a todo en cualquier momento. A través de la comunicación con los Registros Akashicos accedemos a toda la información contenida en nuestra alma, bien sea del pasado, del presente o del futuro, porque todo está ocurriendo en el eterno Ahora. Cuando un alma decide por voluntad propia experimentarse en solitario, es decir, decide emprender el camino del propio conocimiento, se crea un campo de energía llamado Registro Akashico que va a registrar todas y cada una de las palabras, pensamientos, acciones, emociones y sentimientos de cada experiencia vivida encarnación tras encarnación, en este planeta o en otro, en esta dimensión o en otra, desde el momento en que Es como Alma hasta el momento presente y proyectando todos los posibles futuros. Podemos decir que los Registros Akashicos son una red entrelazada de Luz, una energía que vibra en todas las dimensiones y se va expandiendo a través de las experiencias que vamos viviendo encarnación tras encarnación. Es donde toda la creación se imprime y queda escrita en forma de lenguaje de Luz. Es donde se guarda toda la información de lo que ya ha sido, es y será desde el primer instante en que el Alma se ha manifestado (o sea, encarnado) hasta el último instante (cuando se fusiona de nuevo con Dios). Es el conocimiento del pasado, presente y futuro de todas las cosas. Es la vibración original que contiene la información de Todo lo Que Es, o sea Dios/a, con la que, a través de ideas, formas, símbolos, lenguaje, emociones, sentimientos, pensamientos, colores, olores... nos hace llegar a nuestra mente consciente lo que en verdad somos: Pura Luz y Energía.

Cada Ser Humano tiene su propio Registro Akashico, su propio libro personal. Este libro personal se une a la vez, con el libro personal de todos los Seres Humanos formando un gran libro planetario donde quedan registradas todas las acciones, pensamientos, sentimientos, palabras y emociones en el Registro Akashico del planeta Tierra. Siempre que se abre un Registro Akashico, se produce un efecto en otros registros también, ya que las experiencias de un alma están vinculadas a los seres con los cuales ha tenido diversas experiencias.

Los Registros Akashicos guardan información sobre todos los hechos que ya ocurrieron, sobre lo que está pasando y sobre lo que pasará en el Universo. Por lo tanto, es a través de estos registros que Dios/a Todo lo que Es se comunica y revela la Verdad para lograr sanación y guía en todo momento. La dispensación del karma y la sanación a través de los Registros Akashicos hacen posible la ascensión de cada alma, ayudando así en el proceso de ascensión planetaria.

LA GRAN BIBLIOTECA

Podríamos comparar el Recinto del Registro Akashico con una Gran Biblioteca con miles de pasillos repletos de libros de Luz, estancias para realizar reuniones akashicas, salas y salones donde se realizan diversas actividades y cómo no, los amplios jardines donde todos los canales akashicos, maestros, escribas y demás trabajadores del Recinto Akashico nos nutrimos de la Luz de la Fuente para realizar las tareas encomendadas, recargándonos constantemente en cada apertura y entrada en el Recinto.

En esta Gran Biblioteca Akashica están guardados todos los libros de las memorias de los diferentes Reinos: Humano (tanto individual como colectivo), Animal, Mineral, Vegetal, de Lugares, así como los Registros Planetarios, los de los Sistemas Solares y del Cosmos.

Cada libro es único y excepcional. Uno por uno están confeccionados formando bellos libros de luz de diferentes formas y tamaños, con las tapas personalizadas con la frecuencia del Ser al que pertenecen. Los impresores akashicos son los encargados de esta laboriosa tarea.

En cada libro se encuentran registradas todas las memorias del Individuo o Ser al que pertenece, pudiendo éste consultarlo para obtener la información necesaria como ayuda en su propia evolución espiritual.

Los Maestros de los Registros Akashicos, los Guías y Seres de Luz, así como los Ángeles, están también trabajando y velando por el buen funcionamiento de los mismos, para que todo esté ordenado y bien guardado. Diferentes Maestros Akashicos junto a sus Escribas son los encargados de ir anotando todas y cada una de las expresiones de Luz que se van produciendo, tanto a nivel individual como colectivo.

LOS GUARDIANES AKASHICOS

La información contenida en el Akasha está totalmente protegida por los Guardianes de los Registros, así como por las Energías Angélicas comandadas por el Arcángel Miguel. Esta protección es necesaria para que ningún Ser pueda utilizarla para manipular a otros. Sólo se puede acceder a ella con el consentimiento de uno mismo.

Dentro del sistema solar de Kinich Ahau que es nuestro Sol, existen tres guardianes custodios del sistema estelar, ellos son: Gautama el Buda, Lord Maitreya y Sanat Kumara, quien, específicamente, custodia el Registro Akashico de la Tierra.

El Arcángel Metatrón es el Esctiba Divino, el que anota todas las instrucciones de Dios para la humanidad. Se le identifica como el Gran Director de los Registros Divinos.

Cuando accedemos a los Registros Akashicos para consultar, los Guardianes son los que nos piden las Llaves para poder acceder, es a ellos a quien se las mostramos y ellos entonces pueden abrirnos las puertas al Recinto Akashico, la Gran Biblioteca...

Capítulo II: El proceso del alma

EL ESPÍRITU Y EL ALMA

Lo primero Fue/Es la Luz Creadora. Esta Luz Creadora, como Creadora que Es, decide experimentarse a sí misma COMO TODO LO QUE ES en su totalidad: Amor Divino, Sabiduría Divina y Poder Divino.

Y en esa experimentación es cuando forma a los Espíritus, que son Luz Creadora contenida dentro de un Cuerpo Energético llamado Espíritu, formado por los 7 chakras principales y los miles de chakras secundarios.

Cuando nace el Espíritu, es dotado con las mismas cualidades de la Luz Creadora y empieza su VIDA, que es un viaje de auto- descubrimiento de sí mismo, desde la Luz hacia la Luz, haciendo un gran recorrido circular de ida y vuelta, experimentando Todo lo que Es.

Este gran recorrido circular es un viaje de experimentación por todo espacio-tiempo y por todas las dimensiones que existen, desde la más elevada (que es el Creador en la Luz) a la más densa (que es el Creador en su punto más lejano de la Luz).

El viaje empieza una vez el Espíritu ha sido formado con sus 7 puntos de luz o cuerpos energéticos (los chakras principales). El Espíritu se separa del punto central de Luz (el Creador) y se va alejando de él (por ej. como si nacieras del sol y fueras alejándote de él a través del sistema solar hasta llegar al punto más lejano al sol, en el cual no llega apenas la luz solar), experimentando en todas las dimensiones, desde la más elevada a la más densa, llegando a la 3ª dimensión, 2ª y 1ª. Va del punto con más Luz al punto con menos Luz. Lo podríamos comparar con "lo que es arriba es abajo", "lo que es dentro es fuera", "luz y oscuridad", "yin y yang", etc.

A medida que va descendiendo por estas dimensiones elevadas de luz, va experimentando cada dimensión, y cuanto más se va alejando de la Luz Creadora, más densidad encuentra.

Es entonces cuando el Espíritu necesita de un vehículo para seguir experimentando, así que precisa de un cuerpo llamado **Alma o Yo Superior** que es su vehículo para avanzar.

En este viaje de ida, cuando el Alma (que contiene el Espíritu), llega al punto más denso, que es la 3ª dimensión, se desconecta por mucho tiempo, olvidando quien es, de dónde viene y hacia dónde va y el porqué de todo esto. Al descender a la 3ª dimensión, se olvida completamente de todos los recuerdos de la Luz para poder experimentar la densidad en toda su totalidad: la oscuridad absoluta.

Al descender a la 3ª dimensión, que es la más densa, el Alma necesita de otro cuerpo más denso para seguir experimentándose como lo Todo lo que Es, y es cuando envía una porción de sí misma en un Cuerpo Físico (el más denso). Esa porción de sí misma es llamada LLAMA TRINA. Y así es como el Alma entra dentro del Cuerpo Físico, encarnando.

Encarnar significa "meterse en un cuerpo de carne". A medida que va experimentando la oscuridad, va iluminando cada parte de ella a través de las experiencias que van sucediéndose encarnación tras encarnación, hasta que un día empieza a recordar que existe algo más que un cuerpo físico, recuerda que hay algo muy grande "allá afuera", y poco a poco va recordando quién es y porqué está en esta densidad, hasta que llega un día que se reconoce por lo que es: Espíritu de Luz experimentándose como el Creador que ES y que lo que está fuera también está dentro, porque es Dios/Diosa/Creador/a mismo. Es TODO LO QUE ES.

Y en este punto es cuando empieza el viaje de vuelta. La vuelta a casa, la vuelta a la Luz Creadora.

Decimos que tenemos muchas vidas, pero en realidad solamente existe UNA VIDA, que es la que vive el Espíritu, y éste se va experimentando a través de las ENCARNACIONES. Vida sólo hay UNA. Encarnaciones hay muchas. Ahora ya sabes cómo es el proceso del Espíritu y del Alma.

Dios/a Todo lo que Es, es un compendio de AMOR, SABIDURÍA y PODER ETERNO e INFINITO. Nace, crece, se expande y se experimenta a sí mismo como Dios/a Todo lo que Es a través de chispas de Luz que contienen todos los códigos de los que está compuesto. Cada chispa la podemos identificar como un Espíritu. Cada Espíritu tiene las mismas cualidades que Dios/a: AMOR, SABIDURIA y PODER ETERNO e INFINITO. Es lo que llamamos LLAMA TRINA.

Al entrar esta porción del Alma en el cuerpo físico, ésta se deposita en la Cámara Secreta del Corazón, donde permanecerá guardada para ser activada cuando sea el momento. A esta parte del Alma como Llama Trina metida en el cuerpo físico la llamamos Alma encarnada.

Al descender a los planos físicos de existencia, el Alma Encarnada empieza a olvidar su Origen Sagrado y se va separando a través de los Velos del Olvido, sintiéndose alejado y solitario en el camino. Aquella comunicación directa con el plano álmico y con Dios/a Todo lo que Es se va alejando y olvidando. Es sólo a través de las experiencias vividas que vamos recordando quiénes somos y por qué estamos aquí.

Cuando dormimos, en nuestros sueños y viajes astrales, el Alma Encarnada sale del cuerpo físico para regresar a la Fuente, al Hogar verdadero. Va en busca de la Esencia sagrada, del Amor, la Sabiduría y el Poder que sólo Dios es capaz de dar. Cuando el Alma Encarnada es consciente de todo este proceso, los velos van desapareciendo y el contacto con el Yo Superior se fortalece, encontrando su camino y viviendo en la Verdad Eterna en el Aquí y Ahora.

Toda la información que contiene el Yo Superior está codificada en las frecuencias más altas y profundas de uno mismo, pudiendo obtener una visión de cada existencia mucho más amplia. Cuando comprendemos esto, logramos armonizar y equilibrar todos los planos: emocional, mental y físico.

LA COMUNICACIÓN CON EL ALMA A TRAVÉS DEL CORDÓN DE PLATA

En nuestro cuerpo existe un cordón de Luz llamado Cordón de Plata que sale desde el corazón de nuestro Yo Superior y llega hasta nuestro cuerpo físico; podríamos compararlo con el cordón umbilical del feto con la madre hasta que éste nace. El Cordón de Plata es nuestro cordón umbilical álmico. Ese cordón de Luz es único para todas nuestras formas en cada una de las dimensiones en las que estamos existiendo. Es el que hace posible que nuestro cuerpo y conciencia estén vivos, fluyendo con energía de vida, y se manifiesta aquí en este plano de tercera dimensión como los latidos de nuestro corazón y como la conciencia que se mueve a través de nuestras células.

Es a través de este cordón de Luz que podemos coexistir en los diferentes planos de conciencia y a es a través de los distintos tonos vibracionales, que podemos ser conscientes de todas las existencias y niveles de nuestro Ser. Esto se logra al sintonizarnos con la frecuencia de nuestro canal de Luz y movernos entre y a través de él, atravesando las diversas frecuencias de todo lo que somos. El Cordón de Plata une y mantiene conectada el Alma Superior y el Alma Encarnada.

Las personas que lo han logrado ver (llamados clarividentes) lo describen como un tipo de hilo elástico, extensible e ilimitado de color plateado. Tiene el color plateado porque está compuesto de partículas de todos los colores que vibran a una frecuencia tan alta que al mezclarse todos los colores entre sí producen el color Plata. Una vez el Alma Encarnada finaliza su encarnación, el Cordón de Plata permite al Alma Encarnada volver a fusionarse con el Alma Superior hasta la siguiente encarnación, es como el camino de regreso a casa.

El Cordón de Plata es la cuerda de seguridad y comunicación entre el plano físico y el etérico, tanto si viajamos en el presente, al futuro, como si nos introducimos en los Registros Akáshicos. Toda la información nos es transmitida a través de él. Según el avance espiritual de la persona, este cordón puede ser un fino hilo delgado o un cordón grueso, Dependerá de si vibra más en un plano físico o si su existencia está plenamente espiritualizada.

En personas que llevan una vida donde sus palabras, sentimientos, pensamientos y acciones son creados y manifestados desde bajas frecuencias, como el odio, la rabia, la envidia, la codicia, la avaricia, la mentira, el engaño, etc, incluso si generan intencionadamente malos tratos, hacen daño a propósito a seres queridos o a personas que forman parte de su entorno, o bien son criminales o viven sólo en el plano material y físico, el cordón es tan fino que a apenas se ve, quedando transparente. Entonces es cuando se desvincula del Yo Superior, no tiene contacto con él y el Alma Encarnada se convierte en un Alma

Perdida, sin rumbo, pues es el Cordón de Plata el que le sirve de guía para reencontrarse y fusionarse con el Yo Superior.

PROTECCIÓN DIVINA A TRAVÉS DEL TUBO DE LUZ

Alrededor de nuestro cuerpo físico, en el etérico, existe un Tubo de Luz que mide unos tres metros de diámetro y un metro de espesor. Éste Tubo de Luz actúa de protección y por él se recibe la Sanación Akashica. Es una coraza o escudo energético que al fortalecerse a través de la práctica consciente en su apertura, ayuda a ser inmunes ante los ataques de energías negativas y de baja frecuencia.

Según el Maestro Ascendido El Morya: "ésta Sustancia Luz es extremadamente sensible y, al principio, hasta que se haya hecho lo suficientemente sólida, es tan frágil como una redecilla de seda. Si se sostiene la armonía de sentimientos durante un período suficiente para que esta Sustancia-Luz se «asiente», se vuelve poderosa e invencible alrededor de uno, constituyendo un Tubo de luz de protección, a través del cual nada discordante puede pasar, manteniendo el mundo del individuo abierto sólo a la perfección de su Propia Presencia de Dios, de los Maestros Ascendidos, y de los Ámbitos de Luz".

El simple hecho de abrir conscientemente el Tubo de Luz proporciona: sanación, paz, limpieza energética, ayuda a dejar la mente en blanco, a estar completamente centrado, a salir del espacio-tiempo, a sentirse mucho más conectado con uno mismo, a fortalecer el contacto con el Yo superior. También eleva la frecuencia rápidamente y cuando está totalmente activado, las energías que descienden por él son de altísima vibración.

Cuando hayas realizado la iniciación que te proporcionamos al final de este libro, para que te conviertas en un emisario lector y decodificador de los Registros Akashicos, tu Tubo de Luz estará total y completamente activado y anclado al Centro de la Tierra y a la Fuente. Es entonces cuando te habrás convertido en un Pilar de Luz por donde la Luz Divina puede ser anclada al planeta, siendo un canal directo de la Luz, permitiendo que ésta entre en este plano. Cuanto más se fortalece la conexión con la Fuente, o sea, cuanto más abres el Tubo de Luz, más se eleva la vibración de la persona y más amor puede reflejar y anclar en este plano.

Puedes elevarte cada día a través de tu Tubo de Luz y permitir que entre más en tu conciencia y vaya transformando en Luz todas las células, electrones, protones y neutrones de tu cuerpo físico, así es como todos nuestros cuerpos energéticos se nutren y se codifican con la Energía de la Fuente.

Capítulo III: El lenguaje universal de la luz

MAESTROS, GUÍAS Y SERES DE LUZ

Las energías que invocamos para que eleven nuestra propia frecuencia y permitan la evolución del Akasha, pertenecen a un plano de asistencia como pueden ser los Guías espirituales, los Ángeles, los Arcángeles y los Maestros espirituales propios.

Para que se produzca una perfecta comunicación y conexión con estas energías más elevadas llamados Guías, Seres de Luz y Maestros espirituales, nuestra frecuencia vibratoria debe ser elevada para entrar en "el espacio sagrado de conexión" que está entre El Alma Superior y el Alma encarnada. A la vez, los Guías y Maestros espirituales descenderán su frecuencia vibratoria lo máximo que puedan hasta llegar a nuestra máxima ascensión de frecuencia. En el momento que las energías se encuentran, se produce el contacto.

Voy a explicártelo con un ejemplo: los Guías, Maestros y Seres de Luz viven en un estado vibratorio superior a la quinta dimensión, vibran muy alto. La quinta dimensión es la dimensión más baja a la que ellos tienen acceso. Al no tener un cuerpo de carne, no pueden bajar a la tercera dimensión, que es donde nosotros nos encontramos. La cuarta dimensión sería la conciencia.

Nosotros, estando en la tercera dimensión, podemos elevar nuestra frecuencia vibratoria como mínimo a la quinta dimensión (pudiendo llegar hasta la novena y más). Entonces, cuando nosotros aumentamos nuestra frecuencia y ellos descienden la suya hasta la quinta dimensión, es allí donde nos encontramos para intercambiar la información.

Cuando aceptamos la asistencia amorosa de los Maestros y Guías, estamos invitando a que los milagros entren en nuestras vidas. Hago especial referencia en este punto para recordar que los Maestros y Guías respetan el libre albedrío del ser humano, por lo que no pueden interferir en nuestra vida si nosotros no les damos el permiso para hacerlo o no pedimos ayuda. Ellos respetan nuestras decisiones y no pueden interferir sin nuestro permiso.

Por supuesto que saben en todo momento lo que necesitamos, pero nos toca a nosotros la tarea de invocarlos y pedir su amorosa asistencia, guía y ayuda. Es entonces cuando les abrimos la puerta para que ellos puedan obrar a nuestro favor, y siempre están dispuestos a colaborar, nunca a interferir.

Su objetivo es el de servirnos y estimularnos para desarrollar y ampliar nuestra conciencia a la vez que hacen de intermediarios entre Dios/a/Yo Superior/Alma Encarnada. Nos ofrecen inspiración, sustento, nos traen a las personas adecuadas, nos dan las herramientas necesarias para nuestro desarrollo evolutivo, nos ofrecen la cualidad más elevada de ayuda y amor que podamos usar en nuestro día a día. Nos dan su Luz y fuerza para guiarnos de vuelta al poder de nuestro interior, a través del cual podemos convertirnos en co-creadores del universo junto con la Fuente/Dios/a.

Tanto el Yo Superior como los Guías y Maestros NO pueden decirnos qué camino tomar, o QUÉ decisión tomar, puesto que ellos no pueden interferir en nuestro libre albedrío. Por el contrario, SÍ pueden aconsejarnos y mostrarnos qué es lo que hay detrás del camino A, detrás del camino B, el C, etc. y es desde nuestro discernimiento interior, desde la información que nos han proporcionado, que tomaremos la decisión que más se adecue y esté conforme, la que creamos mejor para nosotros.

EL LENGUAJE UNIVERSAL DE LA LUZ

El Lenguaje Universal de la Luz es la primera forma de comunicación utilizada por toda la creación. También conocida como el «lenguaje de los ángeles», cada uno de nosotros hablamos en este lenguaje a un nivel inconsciente, porque este es el lenguaje del alma.

Cuando accedemos al Registro Akashico, canalizamos la información contenida en el mismo y descodificamos esta información a través del lenguaje Universal de Luz, expresándolo en este plano de tercera dimensión. Este lenguaje puede ser expresado como palabras, imágenes, símbolos geométricos, números, colores, olores, sabores, sentimientos y emociones, arquetipos, sonido, etc.

La información circula en ambas direcciones: nosotros preguntamos y, a través de nuestro canal activado, permitimos saber al Yo Superior y a los Guías qué es lo que estamos necesitando en nuestra vida y los Guías nos envían lo que necesitamos saber o desean que sepamos. Dar y recibir recíprocamente.

Cada partícula de información vibra a una determinada frecuencia. Cuando vemos, leemos y descodificamos esta información, la estamos haciendo vibrar. Esto hace que se produzca un efecto sanador tanto para uno como para otros, porque se obtiene la energía necesaria para resolver la situación (respuesta a nuestras preguntas, para comprenderla y sanarla o bien para abrirse a un nuevo entendimiento y grado de sabiduría interna).

En resumen, cuando preguntamos se nos responde a través del Lenguaje Universal de la Luz, sea cual sea la manera, nuestro aprendizaje es y será aprender a descodificarlo, aprender a entender qué significa cada frase, cada imagen o cada código de luz que se nos dé. No es tarea fácil, pero con la práctica irás aprendiendo a descodificar cada mensaje, porque muchas serán las veces que no entenderás lo que significa.

A veces una simple palabra puede convertirse en un mensaje que contiene mucha más información. Podemos compararlo con un archivo zip del ordenador. Dentro del archivo comprimido hay cantidad de información para ser leída y únicamente hay que extraer los archivos que contiene para saber qué información hay. Eso es lo mismo.

Pero no te apures, como te dije es práctica. Práctica que con el paso del tiempo irás anclando en ti hasta que llegará un día que entenderás todas y cada una de las palabras, las asociarás a lo que te acontece y tendrás la información completa al momento, sabrás descodificar exactamente la verdad del mensaje.

Hay dos factores que también hay que tener en cuenta a la hora de descodificar el Lenguaje de la Luz; son la Paciencia y la Fe.

Paciencia para comprender que, aunque no entiendas el mensaje, éste ya se ha podido bajar del etérico y ya lo tienes disponible en el Ahora para que sea abierto cuando llegue el momento.

Fe para creer ciegamente en ti y saber que todo aquello que escribas y se te diga en tus lecturas akashicas es Verdad, y te lo creas. Porque la mente va a meterse continuamente poniéndote a prueba, ahí estará tu aprendizaje: darle poder al Ser y no a la Mente.

El Lenguaje de Luz puede ser descodificado de muchas maneras: con palabras, a través de la música, las canciones, los olores, los sabores, las sensaciones, imágenes, arquetipos, símbolos, sonidos, números, etc.

Es nuestro deber aprender a descodificar este lenguaje ya que cada uno lo va a interpretar a su manera, por ser Seres Únicos y Excepcionales. Cada uno de nosotros tiene su propio lenguaje y es tarea de cada uno aprender a descodificarlo. Practicar la apertura de los Registros Akashicos lo más que se pueda facilitar la comprensión de este lenguaje.

CANALIZAR ES DESCODIFICAR EL LENGUAJE DE LA LUZ

Cada uno de nosotros tenemos nuestro propio mapa y todas las herramientas que nos serán útiles en nuestro viaje, nuestro camino, porque somos Creadores de nuestra propia realidad a cada momento, a cada instante, de este espacio - tiempo que en realidad ya está completo y consumado. A través de nuestro aprendizaje, vamos adquiriendo el nivel de vibración necesario para entrar en comunicación con nuestro Yo Superior, los Maestros y Guías Espirituales.

El Yo Superior te habla constantemente. Es esa "vocecita interior" con la que mantienes largas conversaciones. Recuerda las veces que te has visto a ti mismo hablando contigo mismo, y después de haber tenido esta conversación, tú mismo te dices: yo, como Juan Palomo, yo me lo guiso, yo me lo como... ¿verdad? Es que es así como funciona. Hablar con uno mismo es hablar con el Alma, con el Yo Superior. ¿Sorprendido?

Otras veces el Alma te habla a través de la intuición, porque la intuición es su voz hablándote. La primera intuición, la primera idea, la primera respuesta, sí, aquella a la que normalmente no hacemos caso., aquella es la voz del Alma dándonos las pautas o la respuesta que precisamos.

Nuestros Maestros y Guías están esperando que nos conectemos y cuando damos los primeros pasos para acercarnos, ellos dan los restantes. Canalizar es fusionar nuestros cuerpos (los 7 cuerpos energéticos que tenemos) y nuestra mente consciente con la de los Guías de Luz, por eso percibimos el mensaje como si lo formara nuestra propia mente pero con un grado mayor de sabiduría y amor. La realidad es que cuando nuestra conciencia se fusiona con la conciencia de los Guías, somos uno, y ya no los percibimos como separados de nosotros, nos damos cuenta que realmente soy "Yo mismo" el que se está respondiendo.

Cuando canalizamos información estamos atrayendo y anclando en este plano energías elevadas. La práctica diaria y el ser conscientes que debemos permanecer el mayor tiempo posible con una frecuencia de amor elevada, hace que el canal esté activado permanentemente.

Recibir y Descodificar el Lenguaje de Luz es una progresión natural de la activación del Cuerpo de Luz. A medida que nuestra frecuencia vibratoria aumenta, podemos asimilar mucha más Luz. Para recibir el Lenguaje de Luz de forma correcta, hay que transmutar y eliminar todos los bloqueos de baja frecuencia. Cuanto más limpios están todos los cuerpos, más fácil es descodificar.

Cuanto más canalizamos, más estamos conectados a Nuestra Verdad, y nuestros códigos de Luz van impregnando cada célula, molécula y electrón de nuestros cuerpos, revelándonos nuestro plan divino de manera clara y sencilla.

Pero... ¿cómo se canaliza? En realidad el proceso es muy fácil; la única condición es tener la frecuencia muy elevada para conectar con la frecuencia vibratoria de los Registros akashicos, del Yo Superior, de los Maestros y los Guías.

El Lenguaje Universal de Luz se descodifica en el chakra corazón, porque el corazón es donde se alberga el Alma encarnada, por lo tanto, a través del chakra corazón tenemos acceso a toda la información. Esta información viene del Yo Superior a través del Cordón de Plata y es depositada en el corazón, donde mora la Llama Trina, que es la Sabiduría, el Amor y el Poder Divino de lo que YO SOY. Es donde el Yo Superior puede descargar la información de forma verídica.

Para descodificar utilizamos:

El chakra corazón: es donde se recibe la información y se *siente* la verdad de la misma, es donde puedes confirmar a través de tus sentimientos, porque sólo los puedes sentir en el corazón. La intuición es la voz del Alma hablando a través del corazón. Es importante hacer caso a la intuición, porque es el Alma hablando.

El chakra tercer ojo: es donde está nuestra pantalla mental para descodificar el lenguaje de Luz a través de *imágenes*.

El chakra garganta: a través de la *voz* nos comunicamos también.

Las manos: son nuestra mejor herramienta para poder escribir toda la información.

En el proceso de canalización y apertura de los Registros Akashicos, utilizamos otros chakras. Estos son:

Chakra 8: es la Puerta del Espacio y el Tiempo y está situado a unos 5 dedos por encima del chakra corona y es a través de este chakra por donde salimos del espacio-tiempo terrenal y entramos en el no-tiempo universal, estando permanentemente en el eterno Ahora.

Chakra 9: es la Estrella del Alma y está situada encima del chakra 8. Si tuviéramos que "tocarla con nuestras manos", subiríamos nuestro brazo hacia arriba y allí donde llega el dedo índice es donde se encuentra este chakra. Contiene todo el Lenguaje Universal de la Luz. Es donde están todos los símbolos, números, palabras, sonidos, etc.

Chakra 10: es la Estrella de la Tierra y está situada bajo nuestros pies, a la misma distancia de lo que mide tu rodilla hasta tus pies, pero empezando desde tus pies hacia abajo (como el brazo hacia arriba para la estrella del alma). Este chakra es la puerta que nos ancla y conecta con nuestro amado planeta Tierra.

Chakra 11: son las Manos y es a través de ellas que descodificamos con la escritura el Lenguaje de la Luz.

Chakra 12: es el Aura y contiene toda la información de nuestras memorias porque es nuestra totalidad energética.

FORMULAR PREGUNTAS

Una de las tantas maneras de trabajar con la descodificación del Lenguaje Universal de la Luz es a través de formular preguntas, como guía para el acceso a la energía de los Registros. Para mí es la más efectiva. Pregunto y se me responde.

¿Por qué decimos que es importante formular una serie de preguntas relacionadas a lo que se desee saber? Muy simple; por un lado, cuando accedemos a los registros simplemente para ver qué tienen para decirme, pero sin una intención clara, nuestra energía es tan vaga como nuestras intenciones, por lo tanto el canal no es lo suficientemente claro como para poder hacer una buena interpretación y contacto con esta energía del plano de asistencia, o con nuestro ser interior.

Por otro lado, al hacer las preguntas, ocurre algo sumamente importante en la persona que es la INTROSPECCIÓN, un viaje de conocimiento interior que nos permite poner el freno en nuestra vida, quitar el piloto automático y tratar de saber dónde estamos parados y qué cosas nos están ocurriendo en nuestra vida cotidiana.

Esto genera que la persona REGISTRE su estado, que haga un pequeño análisis de su situación, de su desarrollo, de su vida. Cuando esto ocurre, estamos dando el primer paso, generar CONCIENCIA sobre nosotros mismos, y así saber qué es lo que queremos saber y trabajar de manera más urgente, para luego dar el siguiente paso en nuestro bienestar.

Cuanto más clara y concreta es la pregunta, más clara y concreta es la respuesta. A preguntas generales, respuestas generales.

Puedes preguntar sobre cualquier cosa o tema que te preocupe, o sobre cualquier situación en la que precises respuestas o toma de decisiones. Mira siempre qué hay en cada camino y luego, escoge por libre albedrío, aquel que más te vibre, aquel que más te llame la atención o aquel que más claro veas y sientas.

Siempre que se pregunte por otra persona debe ser en referencia a uno mismo, tanto para tus propias lecturas como para lecturas a otras personas. Con un ejemplo lo entenderás mejor: una madre tiene un hijo con problemas de comportamiento y desea saber qué problemas tiene, por qué actúa así y cómo puede solucionarlos. Bien, como el hijo tiene libre albedrío y no está delante para dar su consentimiento para mirar sus registros, deberemos respetar su libre albedrío por encima de todo.

NUNCA SE LEERÁN LOS REGISTROS AKASHICOS DE OTRA PERSONA SIN SU CONSENTIMIENTO

Ejemplos de lo que la manera correcta de preguntar es:

¿Cómo puedo ayudarlo si es que puedo?

¿Qué lección debo aprender yo?

Si hay algo que yo pueda o deba hacer Cuál es mi papel en todo esto

Si está en mi mano o no ayudarlo

¿Qué es lo que aún no he aprendido yo de todo esto?

¿Cuál es el mayor aprendizaje?

¿ME HABLA LA MENTE O MI YO SUPERIOR?

Durante mucho tiempo, la mente ha dominado a las personas, incluso en estos tiempos muchos son los que hacen más caso a la mente que a lo que sienten. La mente ha ido cogiendo poder, destronando al Ser.

Puede suceder que al principio, tu mente intente controlar el proceso; si alguna vez intentaste meditar, sabes de qué se trata. Escribe o graba todo aquello que recibas durante la canalización, aunque no lo comprendas o te parezca una tontería.

Cada camino es único, pero a veces, hasta que tenemos más habilidad para descodificar el Lenguaje Universal de la Luz, la información viene en forma de imágenes, metáforas, símbolos, números, sensaciones, emociones, etc.

Todo es válido, lo importante es que puedas comprenderlo. Y aunque no lo comprendas en el mismo momento, no importa, escríbelo igual, pues puede tratarse de una información que aún debe estar codificada (como en archivo zip, como te he dicho antes) para que, cuando sea el momento y lugar adecuados, se abra y descodifique.

Luego utiliza tu discernimiento; si lo que recibiste es información verdadera, la vas a sentir dentro de ti, no vas a dudar y necesariamente se va a ver corroborada en la práctica, va a ser de utilidad para ti o algún otro, te va a aportar algún conocimiento que no sabías que tenías, te va a permitir comprender algo que no entendías, o la causa y finalidad de algún acontecimiento.

Te aconsejo que pidas confirmación a todo aquello que hayas escrito y dudes de ello. ¿Cómo la pides? Simplemente di: *"pido confirmación de que esto que he canalizado es correcto y cuan-*

do me llegue la confirmación lo veré tan claro que la duda se disipará automáticamente"". Entonces debes dejar de pensar en ello, simplemente debes poner atención consciente a tu vida, a cada instante que estás viviendo porque allí puede estar la confirmación. Y sabrás que es la confirmación porque no habrá ninguna duda. Lo sentirás. Esta es la clave. Sentir. Sentirlo dentro de ti. Si no lo sientes, es la mente la que te está hablando.

Si tienes dudas respecto a la información que te dan, pues no aclaras si es tu Mente o tu Alma o Guías los que te hablan, haz este fácil ejercicio: respira profundamente y céntrate en tu chakra corazón. Haz la pregunta: *¿es esto cierto?* Y pon atención a qué sientes. No tendrás dudas en la respuesta, pues tu corazón no puede engañarte en las respuestas puesto que está desprovisto de "Mente", solo es Amor y es a través de él que el alma se comunica contigo.

Voy a darte una clave importante a la hora de discernir que te va a ayudar muchísimo en el momento de confirmar tus canalizaciones akashicas.

Esta clave es la siguiente: la Mente no distingue lo bueno de lo malo, lo verdadero de lo falso, no distingue entre el pasado, el presente y el futuro, la mente no siente, sólo piensa y utiliza su pantalla para mostrarnos las imágenes que son el lenguaje de la luz que viene codificado en una forma concreta. Por lo tanto, si no sientes, el mensaje viene de la Mente, no del Yo Superior, no del Alma.

Entonces, cuando pidas confirmación, mira qué sientes y dónde lo sientes. Verlo no es sentirlo, ¿entiendes la diferencia? Sólo se puede sentir en un lugar: *tu corazón.*

Capítulo IV: Discernir

APRENDER A DISCERNIR

Cuando abrimos los Registros Akashicos, el Yo Superior/ Alma es quien nos da la información. Como hemos dicho anteriormente, los Guías y Maestros son quiénes nos ayudan a descodificar el Lenguaje Universal de la Luz.

Pero... ¿cómo saber cuándo son ellos o es el Yo Superior que me habla directamente? Muy fácil. Me di cuenta de ello lectura tras lectura.

Cuando te habla el Yo Superior, como eres tú mismo, habla en primera persona, por ej: "Es aconsejable que haga (yo) esto o aquello y que tome (yo) esta o aquella decisión para....". Es como aquellas conversaciones internas que tienes contigo mismo, ¿tu vocecita interior, recuerdas?

Cuando te hablan los Guías y Maestros, lo hacen en tercera persona, por ej: "Es aconsejable que hagas (tu) esto o aquello y que tomes (tu) las decisiones oportunas para..".

Cuando abras tus Registros Akashicos, puedes preguntar quién es el Ser que te responde. Siempre preguntarás 3 veces, harás la misma pregunta por 3 veces: ¿Quién eres? ¿Quién eres? ¿Quién eres?

Si las tres veces te contesta lo mismo, da por cierta y

verdadera la entidad que te está hablando, seas tú mismo o tus guías o maestros.

Puede suceder (raras y muy pocas veces) que una entidad se haga pasar por tu Yo Superior o por tus Guías o Maestros. Por eso es importante preguntar siempre quién está respondiendo, para tener la certeza al 100% de que la canalización y lectura se hacen desde las más altas frecuencias de los Registros Akashicos.

Si te encuentras alguna vez con una entidad que se hiciera pasar por ti o por tus Guías o Maestros, al preguntarle por tercera vez no podrá mentir, porque el nº 3 significa la Trinidad y la Verdad.

Si te dice otro nombre a la tercera vez que preguntas quién es, entonces no es ni tu yo superior ni tus maestros.

¿CÓMO SON LOS MENSAJES?

La información que se te da es siempre para tu mayor bien y el mayor bien de todos los involucrados. Todos tenemos acceso al mismo tipo de información y de ayuda espiritual. No confíes de la información que recurre a tu ego, a la necesidad de tener "poderes" o "habilidades especiales", que reflejan ambición, o necesidad de control sobre otras personas.

Todas las respuestas y mensajes están llenos de amor, sabiduría, inspiración y son muy prácticos, ayudándonos en nuestro camino. No crean miedo, incertidumbre, duda, desesperanza ni aprensión.

Los mensajes son muy concretos, directos y específicos. Nuestros guías nos dicen directamente lo que necesitamos, de manera sencilla y fácil de entender, nos dan imágenes, sensaciones y emociones que seremos capaces de descifrar de manera fácil y clara.

Muchas son las veces que las respuestas son dadas con un lenguaje que no es el que utilizas normalmente. Por ejemplo, yo tengo una forma de hablar concreta; digo palabras y frases en las que utilizo un lenguaje que me caracteriza. Y cuando canalizo, el lenguaje es totalmente diferente, no es el que utilizo normalmente, es más dulce, más amoroso, no es tan vasto como el mío. ¿Se entiende? Y para mí, ésta es una señal que estoy canalizando correctamente. También tengo la ventaja que mi idioma natal es el catalán, y los akashicos nunca me hablan en catalán, siempre en castellano, incluso en inglés.

Todos los mensajes vienen llenos de información que nosotros deberemos desarrollar, poner en práctica para nuestra evolución personal y espiritual. Cada uno debe trabajarse el Yo Superior y el contacto con nuestros Guías espirituales. Ellos nos dirán cómo hacerlo, seremos nosotros los que deberemos poner de nuestra parte para conseguirlo. Si un mensaje te llega con instrucciones que no tengan un mínimo de implicación por tu parte, la información viene de la mente, porque recuerda que el proceso debes llevarlo a cabo tú mismo, es tu parte en el proceso y es tu responsabilidad y cometido contigo mismo el hacerlo o no.

ELEVAR LA FRECUENCIA VIBRATORIA

Este es un sistema sencillo y seguro, porque ha sido creado por Dios y dictado por los Maestros de los Registros Akashicos que están ansiosos por entregar información de planos superiores de luz a la humanidad. Hay mucha información para ser canalizada y muy pocos canales activos.

Cuantos más canalizadores haya en nuestro plano, más energía superior desciende a la Tierra y más sabiduría y sanación estará disponible para nuestro planeta y sus habitantes.

El único requisito es estar activado, "tener los diferenciales hacia arriba" y vibrar en la frecuencia lo más elevada posible.

En capítulos anteriores te he hablado del Tubo de Luz. Cuando hacemos las aperturas akashicas, el Tubo de Luz es nuestra protección. Teniendo el Tubo de Luz abierto, si tu frecuencia es alta y tu intención es buena, es imposible que se acerque alguna energía negativa. La sensación que experimentarás al canalizar a los Maestros es sublime y no te dejará lugar a dudas.

Hasta que tengas experiencia o tu canal esté permanentemente en comunicación con los planos superiores, es conveniente que realices la apertura del Tubo de Luz diariamente para permitirte elevar tu frecuencia y que tu cuerpo físico vaya acostumbrándose a la alta vibración akashica de manera paulatina, un poquito cada día.

La invocación de los Seres Superiores se hace imprescindible para obtener su guía y protección. Sobre todo con el Arcángel Miguel. De todas formas, en el proceso de apertura de los Registros que aprenderás en este libro, la oración de protección es muy potente y no permite la entrada a ninguna entidad negativa ni de baja frecuencia, por lo que puedes estar seguro que estás totalmente protegido.

Si la información que te llega no es coherente, se te habla en un lenguaje despectivo o intrusivo, puede que alguna entidad negativa o burlona haya entrado y sea quien te esté dando la información. En este caso, NO TENGAS MIEDO, simplemente, cierra tus registros y pide al Arcángel Miguel que se ocupe de este Ser.

De todas maneras, no olvides que el canal a los Registros Akáshicos ya está disponible para la Humanidad y es un canal limpio y sanador. Si sigues las instrucciones que te voy a enseña,r no vas a tener ninguna sorpresa desagradable, a menos que tu intención y modo de hacerlo sea utilizarlo en perjuicio de otro, en cuyo caso decididamente no vas a tener acceso a este canal akashico porque tu frecuencia no estará lo suficientemente elevada para conectar con los Registros. En este caso, lo que podría pasar es que se conectara con una entidad de baja frecuencia, pero en ningún caso serían los Registros Akashicos.

Para elevar tu frecuencia vibratoria es tan sencillo como abrir el Tubo de Luz, decir el Decreto de Protección y dejar que la energía de tu Yo Superior descienda, sane, limpie y eleve tu vibración el tiempo que sea necesario. Y cuando sientas que estás lo suficientemente elevado, haces el proceso de apertura akashica.

Puedes elevar tu frecuencia también escuchando música new age, cantando mantras, rodeándote de naturaleza, deleitándote y haciendo cosas que te llenen de amor.

¿EN QUÉ ME AYUDAN LOS REGISTROS AKASHICOS?

El objetivo de leer los Registros Akáshicos es que nos proveamos de información valiosa para asistirnos y tener una vida mejor. Esta información nos puede ayudar a aumentar nuestro desarrollo personal, así como el espiritual.

Una lectura de los Registros Akáshicos puede entregarte orientación necesaria en tu vida para trabajar en los problemas actuales, puede entregar a las personas las oportunidades que necesitan para su crecimiento, dirección, creatividad, y alegría. Puede traer paz y entendimiento a enfermedades del diario vivir, pesares, y sufrimiento.

Una lectura de los Registros Akáshicos puede ayudarte a evitar las dificultades o transiciones de tu vida más difíciles. Puede traer claridad a tus procesos mentales y ayudarte a ver el problema desde un ángulo que no has considerado.

Tendrás que trabajar con el primer pensamiento, con lo primero que te venga y observar cómo se desarrolla. Tómate tu tiempo para, después de la sesión, integrar la información que recibiste.

Al tener información constante, puedes tomar decisiones sin perder tiempo ni tener que esforzarte por conseguir algo. Simplemente al abrirlos, se pide cómo hacer X o Y. Luego, lógicamente, deberás hacer tu parte del trabajo, que será poner en práctica lo aconsejado.

Te ayudan a estar anclado en el AHORA, porque no existe ni el pasado ni el futuro, ya que todo ocurre ahora, y por ende, me permiten vivir el Ahora constante, ser consciente de cada momento, cada palabra, cada acción y cada sentimiento.

Cuando abrimos los Registros Akashicos, se descargan paquetes de información que pueden ser abiertos al momento o abrirse en cualquier momento de nuestra vida. Puede ser que teniendo los registros cerrados, estando en el supermercado o conduciendo (por ejemplo), nos venga la respuesta a una pregunta que hicimos, o simplemente se abra el paquete con la información. Esto es completamente normal, pues al abrir el Tubo de Luz y los Registros, los paquetes se han descargado y al cerrar el proceso, los paquetes quedan dentro de nuestra aura para ser abiertos cuando llega su momento. Si te encuentras en la situación de no poder apuntar lo que te viene, sé consciente que la información la tienes en tu aura, que sólo con que abras tu Tubo de Luz y tus Registros, ésta ya se abrirá y la tendrás disponible.

LA SANACIÓN AKASHICA

Al recibir directamente la energía del Yo Superior a través del Tubo de Luz, todos los cuerpos energéticos se impregnan de la energía más elevada disponible que existe en este plano, ya que es la energía del Yo Superior, la Energía Akashica.

Al abrir los Registros Akashicos, se produce instantáneamente la Sanación Akashica tanto para el que los lee como para quien le son leídos, pues la información que contienen tiene que ver muchas veces con otras personas, y al sanar uno mismo, por ley divina se sanan todas las partes involucradas.

Puedes utilizar la Sanación Akashica contigo y con otras personas, simplemente abres el Tubo de Luz y tus Registros Akashicos y te quedas dentro de él por unos minutos, hasta que sientas que ya está. El proceso es igual para los demás. Si tienes su permiso, puedes abrir sus Registros Akashicos, no para preguntar, sino para sanar, con la intención de recibir la Sanación Akashica.

Si lo sientes, puedes poner las manos allí donde creas necesario, puede ser en el cuerpo o en un objeto.

También puedes utilizar la Sanación Akashica junto a otras técnicas de sanación como Reiki, Meditación, Gemoterapia y todas aquellas técnicas en las que el terapeuta tenga contacto físico a través de la imposición de manos con el cliente.

Capítulo V: Aura e Interferencias

EL AURA

El Aura, también llamada Campo Electromagnético, es el campo que rodea a todos los seres vivos y que no se puede ver a simple vista. Es la energía que rodea nuestro cuerpo físico, a todos los seres y a todas las cosas. Tiene forma de óvalo y no puede verse a simple vista. Todos podemos ver el aura si practicamos, aunque en este libro no nos enfocaremos en ello, sino en saber el concepto de lo que es.

Es la combinación de todos los cuerpos energéticos y está dividida en siete capas relacionadas directamente con los siete chakras. No es estática, va cambiando a medida que vamos evolucionando personal y espiritualmente, y también se ve afectada por el entorno y nuestra intención. Los colores del aura pueden variar de persona a persona y de momento a momento. Todo esto depende, como ya dijimos, del estado de ánimo, por un lado, y, por el otro, del estado mental y de la personalidad de cada uno.

Los colores del aura representan muchas cosas y sensaciones, son también Lenguaje de Luz por el cual los Registros Akashicos nos dan información.

INTERFERENCIAS

Todas las emociones, acciones, pensamientos, códigos y patrones mentales quedan impresos en nuestro Campo de Luz ó Campo Áurico que está situado alrededor de nuestro cuerpo físico.

Cuando todos estos patrones mentales y emocionales vibran en baja frecuencia se manifiestan como manchas oscuras en nuestra aura impidiendo la comunicación fluida entre el alma encarnada y el Yo Superior. Las podemos llamar Interferencias.

Imagina tu aura llena de chicles pegados en ella. Cuantos más chicles enganchados alrededor del aura hay, menos puedes ver lo que existe más allá de ti mismo. Solo cuando desenganchas esos chicles se puede ver lo que hay detrás de ellos. De esta manera, la comunicación con el alma será más potente y clara.

El Alma encarnada solo puede tener el contacto directo con el Yo Superior si no hay interferencias de por medio.

Aquietar la mente, purificar y anular las manchas oscuras de las emociones y pensamientos de baja frecuencia vibratoria es fundamental para tener una buena conexión con el Alma Superior.

BLOQUEOS ENERGÉTICOS

A medida que vamos viviendo y experimentando en esta existencia, todas las experiencias dolorosas de la niñez y de la adolescencia se bloquean. Nos alejamos del dolor físico apartando nuestra conciencia de esta parte de nuestro cuerpo, bloqueamos nuestra angustia mental y emocional tensando nuestros músculos y reprimiendo nuestros sentimientos en el subconsciente y en casos extremos, nos separamos de nuestro cuerpo físico. Todo esto provoca que nos rodeemos de nuestra propia energía negativa, ya que la hemos creado nosotros mismos.

Cuando detenemos esa experiencia negativa de dolor, angustia, enojo, miedo o cualquier trauma, también detenemos la corriente de nuestra energía negativa. Desde antes de nacer, todos aquellos traumas que no se superaron en existencias anteriores, que fueron reprimidos o no experimentados, se guardaron como bloqueos energéticos en nuestro cuerpo en forma de patrones y saboteadores, así como en nuestro campo áurico. La parte de nuestra alma asociada con esos traumas se congela en el momento que detenemos el dolor, por lo tanto, esa parte queda congelada en el tiempo y no madura al mismo tiempo que nosotros.

Eso es lo que se convierte en nuestro niño interior. Podemos encontrar muchas partes de nosotros que tienen diferentes edades. Si el acontecimiento que está bloqueado sucedió cuando teníamos 1 año, por ejemplo, esa parte de nuestra alma todavía tiene 1 año de vida. Entonces esta persona cada vez que tenga el mismo trauma, actuará como si tuviera esa edad, hasta que éste sea reconocido, aceptado y transmutado.

Los bloqueos, al fin y al cabo, son resistencias que nos impiden avanzar hacia el cambio.

Existen diferentes tipos de bloqueos:

BLOQUEOS FÍSICOS: son las enfermedades, dolores, alteraciones y todos los problemas físicos que impiden el uso de nuestro cuerpo físico.

BLOQUEOS MENTALES: son las creencias que impiden que nuestro yo interno se actualice. Las creencias mentales impactan sobre nuestros pensamientos y por ende, afectan a nuestras emociones, actitudes y acciones. Puede ser que las tengamos desde bien pequeños, al ser creencias de nuestros padres, abuelos o familiares que nos han transmitido de forma inconsciente (porque ellos también los tienen como patrón). Tener bloqueos mentales nos impide ser felices, estando en un estado temeroso y sintiéndonos débiles e incapaces de ver y aprovechar todas las oportunidades que la vida nos da.

BLOQUEOS SENTIMENTALES: muchas son las veces que no expresamos realmente lo que sentimos por miedo a ser juzgados o no aceptados. También podemos absorber y retener sentimientos de otras personas y los hacemos propios. Estos sentimientos no expresados ni resueltos pueden causarnos, a la larga, desequilibrios físicos y psicológicos. Cuando tenemos bloqueos sentimentales causados por otras personas, debemos devolverlos a sus verdaderos dueños y liberarnos de ellos.

BLOQUEOS ESPIRITUALES: estos son los más poderosos e importantes, porque nos alejan de nuestro verdadero origen divino. Son sensaciones, pensamientos e ideas erróneas acerca de dónde venimos, de quién somos en realidad. El hecho de no aceptarnos como parte del Todo, de Todo lo que Existe, crea un bloqueo espiritual que nos impide vivir conforme a nuestro propósito de Ser y Expresarnos como Espíritus de Luz que somos.

GUÍA DIVINA

Capítulo VI: El Consejo Kármico

El Consejo Kármico es un grupo de Seres Divinos muy evolucionados que están en servicio para hacer que todo Ser tenga el Consejo Divino antes y después de encarnar.

Regidos por la Misericordia, la Compasión y el Perdón ayudan a planificar las existencias del Alma en su evolución como Dios/Diosa que Es en los planetas de tercera dimensión. Igualmente se encargan de aconsejar a cada Ser en su Ascensión hacia la Luz, dando las pautas necesarias y precisas que debe seguir para estar dentro del orden divino.

El Cielo está dividido en diferentes niveles, desde los más puros hasta los menos puros. Cuando el Alma viaja en su experimentación, pasando entre encarnaciones, viene a los niveles inferiores del Cielo para trabajar la aplicación del karma y su propia sanación mientras ha estado encarnada en un cuerpo físico.

Dentro de estos niveles inferiores del Cielo existen otros planos, con retiros y lugares etéricos de trabajo para las almas que están encarnadas. En este nivel es donde se toman muchas decisiones para las almas que van a encarnar y a seguir su proceso de Ascensión.

El Templo de Gran Misericordia y Amor es uno de los Templos, situado en uno de estos planos del Cielo inferior. En este Templo es donde el Consejo Kármico tiene su retiro, al cual acuden las almas antes de encarnar y cuando desencarnan.

El planeta Tierra es el lugar perfecto para aprender las lecciones más difíciles y para poner en práctica la manifestación de la Luz, pudiendo iluminar todas las partes más oscuras del Ser existencia tras existencia.

El Consejo Kármico utiliza la Tierra como un aula de clases. Luego de pasar a través del proceso llamado muerte, muchas almas necesitan ayuda y tienen que ser asistidas cuando el recuerdo de sus existencias en la Tierra es leído ante el Consejo Kármico, al darse cuenta de lo que se pudo haber hecho por sí mismo y por los demás y no se hizo. Es por eso que se les permite un tiempo para que descansen, hagan conciencia de todo lo que han experimentado, visiten a sus seres queridos y para que, a través del análisis terrenal junto al Consejo Kármico, puedan liberarse de la existencia vivida y experimentada.

Cuando el Consejo Kármico recibe un alma que acaba de desencarnar, le acompañan su Ángel de la guarda y sus Maestros. El Alma hace conciencia y revisa todo lo vivido y experimentado.

Es entonces cuando el Consejo Kármico asigna a cada alma una aula de clases específica en niveles interiores etéricos, donde puede aprender mejor cómo rectificar y superar aquello que "no se hizo correctamente" o se hubiera podido hacer "de otra manera mejor", pudiendo prepararse para perfeccionar su próxima encarnación.

El Consejo Kármico nunca castiga, porque existe una Ley Cósmica que establece que el alma recoge lo que ha sembrado, porque la forma en que el alma usó las oportunidades en la tierra determinará las futuras existencias.

Tal como indica su nombre, El Consejo A-CONSEJA cómo trabajar las existencias en la Tierra y las Lecciones a aprender en ella. (Karma-Dharma). Nunca Castiga.

Cuando un alma es llamada a encarnar de nuevo, se presenta ante el Consejo Kármico, y en unidad se decide QUÉ es lo que el alma va a aprender, desarrollar y obtener de la próxima existencia para, en base a lo aprendido en anteriores encarnaciones, poder corregir los errores del pasado. Dotan al alma de una mayor luz para que pueda llevar a cabo con éxito su nueva encarnación y dotan al individuo del Libre Albedrío para así poder decidir CÓMO llevará a cabo todo lo planificado antes de encarnar, teniendo miles de oportunidades a cada momento para hacer efectivo su Plan Divino estipulado para esa encarnación.

Es el Consejo Kármico quien decide cuántas almas y cuáles de ellas se incorporan cada año a la Tierra, bien sea para el beneficio del planeta, de la raza o de la evolución del alma individual. Existen actualmente 10 billones de almas utilizando la Tierra como aula de clases, pero no todas pueden encarnar a la vez ya que el planeta no está preparado para sostener tal cantidad de seres encarnados. Es por ello que no es tan fácil conseguir un pase y el permiso para volver a la Tierra. Por cada tres almas que desean volver, solamente una es escogida, por lo que las otras dos se quedan sin este privilegio. La Tierra es una gran oportunidad de aprendizaje para las almas y debemos aprovechar el tiempo que estamos aquí encarnados para hacer conciencia que, cuando se nos ha dado esta oportunidad, dos almas se quedaron sin ella. Entonces, tomémonos nuestro tiempo de vida en la Tierra para hacer todo lo bueno que esté en nuestras manos y desde el corazón. Aprovechemos esta gran oportunidad y el privilegio que se nos ha dado de poder estar aquí y ahora.

El Consejo Kármico se rige por el Amor, la Verdad, la Misericordia, la Compasión, la Justicia, la Oportunidad y el Perdón. Regulan el karma individual y colectivo de la Humanidad. El Consejo Kármico está compuesto por:

- Sr. Saithrhu, también conocido como el "Gran Divino Director"
- Señora Diosa de la Libertad (representa la Virtud)
- Señora Nada, Diosa del Amor.
- Señora Pallas Atenea, Diosa de la Verdad.
- El Elohim Vista, conocido como Ciclópea.
- Señora Kwan Yin, Diosa de la Misericordia.
- Señora Portia, Diosa de la Justicia y la Oportunidad.

Con la venida de la Nueva Era, y tras la deliberación de los Señores del Karma, el Arcángel Miguel y el Maestro Jeshua (Jesús) también forman parte del Consejo, ya que son los encargados de la Ascensión Planetaria junto a Kwan Yin.

Dos veces al año, para el solsticio de verano en junio y el solsticio de invierno en diciembre, el Consejo Kármico se reúne en el Salón de las Peticiones donde son escuchadas todas las plegarias de los seres humanos, bien sea a nivel individual o colectivo, incluso para la remisión del karma.

Capítulo VII: La Justicia Divina

La Ley Divina se basa en la Justicia y en la Misericordia. Van unidas en base a que la Justicia sin Misericordia es dominadora, tirana e intolerante. La Misericordia sin Justicia es tolerante y complaciente con cualquier infracción de la Ley. Cualquier acto tiene su consecuencia. Si utilizamos el bien, la consecuencia será buena para nosotros, si tenemos una mala conducta y utilizamos el mal, las consecuencias serán malas también. No existe efecto sin causa ni tampoco causa sin efecto.

En las dimensiones superiores de Luz existe el Tribunal de la Justicia Divina ó Ley Divina de Causa y Efecto, y está compuesta por Seres Superiores, Maestros de conciencia despierta, cuyo cometido es pesar en una balanza nuestras buenas y malas acciones y aplicar de forma justa una sentencia, la consecuencia de nuestros actos; es entonces cuando se lleva a cabo la llamada Justicia Divina.

La mitología egipcia lo describe perfectamente: "Este Tribunal está regido por Anubis y sus 42 jueces. Anubis es el encargado de guiar al espíritu de los muertos al «otro mundo». Vigila el fiel de la balanza en el Juicio de Osiris, donde se pesan las acciones realizadas por el espíritu. Si al pesar las acciones en una balanza el plato de las buenas acciones es más pesado, el resultado será un Dharma, que es una recompensa por las buenas acciones que realizamos. La palabra Dharma significa también realidad o virtud. Si ocurre lo contrario, si el plato de las malas acciones es más pesado, el resultado será un Karma para el espíritu, o sea, sufrimiento, dolor, adversidades, etc. La palabra de origen sánscrito Karma significa acción. Podemos entenderla cómo acción y consecuencia.

En las pirámides de Egipto se han hallado varias ilustraciones del Tribunal de Justicia Divina. En estas ilustraciones el regente Anubis es representado por un hombre con cabeza de chacal y los 42 jueces son simbolizados por diversos animales.

La Justicia Divina tiene un código muy especial y es que hace cumplir la LEY de CAUSA Y EFECTO y es que lo que le hiciste a los demás, eso mismo sufrirás en carne propia. El "Ojo por ojo y diente por diente", es un reflejo de esta Ley Divina, igual que "al que a hierro mata, a hierro muere". El Consejo Kármico es el encargado de velar por el cumplimiento de esta Ley sobre la Tierra. Los tribunales de la Tierra son un reflejo del Consejo Kármico, pero a diferencia de estos, allí no hay corrupción o manejo de influencias, y los designios y sentencias del Consejo Kármico siempre se hacen cumplir.

EL KARMA Y EL DHARMA

La ley del Karma y el Dharma, conocida como "Acción y Reacción" se basa en que las personas recibimos lo mismo que emitimos. Es decir, que cada cosa que hacemos con plena conciencia y voluntad (conociendo de qué se trata y sin ser obligados por nadie a realizarla), la recibiremos más adelante.

Para que todo aquello mal cualificado o negativo que hicimos no lo recibamos de vuelta multiplicado - lo que no quiere decir que no tengamos que responder por ello -, hay que asumir la responsabilidad por las consecuencias de nuestros actos e intentar disminuir nuestro ego (que es el causante principal) y crecer como Seres Humanos.

El karma es la ley del crecimiento psico espiritual que responde a una reacción igual y en sentido contrario para cada acción. El Karma es un proceso necesario para la evolución de la conciencia. El conocimiento del Karma nos ayuda a entender los hechos «inexplicables» que nos suceden a lo largo de nuestra vida. Cuando hablamos de Karma nos referimos al trabajo doloroso, a vicios como mentir y ofender a los demás, a manipular y controlar las acciones de otros, etc. Se complementa con el Dharma, entendido como virtud o trabajo agradable que sirve como base y consuelo de nuestro trabajo doloroso, por ejemplo, dando regalos o ayudando a los más necesitados.

Para lograr un 'buen karma' es necesario vivir de acuerdo al dharma, es decir, actuando correctamente y siguiendo las enseñanzas espirituales más elevadas. Toda acción que beneficie a la persona, a quienes la rodean y a la humanidad en general, es considerado dharma y generará buen karma.

Cuando una existencia terrenal termina, tras el paso de la muerte física, el Alma desencarna y pasa por el proceso de ver, junto al Consejo Kármico, todas las acciones, pensamientos, sentimientos y palabras expresadas en la existencia que acaba de tener. En ese momento el Alma que acaba de desencarnar, hace conciencia de todas estas acciones y se dará cuenta de si fueron negativas o positivas, poniéndolas en una balanza y pudiendo ver qué aprendizajes se llevaron a cabo y cuáles no. Es entonces cuando, dependiendo del resultado de todas estas acciones, el Alma podrá tener una existencia futura adecuada a las consecuencias de todo lo creado en la existencia pasada.

Si las acciones fueron buenas, la próxima existencia futura estará llena de dicha y prosperidad. De lo contrario, la pasará llena de privaciones y sufrimientos, siguiendo un círculo vicioso que no se acabará hasta que no se reparen los daños causados anteriormente.

Nuestra vida es responsabilidad nuestra, y el karma nos enseña justamente eso, a responsabilizarnos a nosotros mismos de nuestros actos, y a no culpar a las circunstancias, al destino o a nuestra familia de nuestro fracaso. Teniendo este conocimiento, nos damos el derecho de ir creando nuestra vida con la conciencia total de cuál será el resultado final de cada acción.

El Dharma tiene el poder de equilibrar y borrar el mal karma acumulado, y en ese sentido afecta nuestro futuro inmediato al igual que próximas existencias y encarnaciones.

Para acumular buen karma, la persona debe seguir el camino del Dharma que implica virtudes como pureza, compasión, honestidad, verdad y templanza.

En el momento de nacer se nos da un Dharma, esto tiene que ver con la fecha de nuestro nacimiento, podríamos decir que es la misión que nos ha sido requerida. Si no aprendemos a escuchar nuestro interior, y no actuamos acorde con nuestra esencia, estaremos dentro de una vida de sufrimiento y dolor, esto es señal de que no estamos cumpliendo nuestra misión. No hay mayor tristeza que no seguir la voz de nuestro corazón que es el Alma hablándonos, ¿recuerdas?

Es muy común criticar los defectos de los demás y no poder ver los propios, Cristo nos decía: «¿Cómo puedes ver la paja en el ojo ajeno y no puedes ver la viga que hay en tu ojo?», ya que la «paja» que criticamos es la misma «viga» que no vemos, es decir, cuando nos molesta algo de alguna persona, cuando criticamos su forma de ser o comportarse, debemos pararnos a analizar si este defecto no lo tenemos nosotros, por lo general sucede un fenómeno de proyección en donde vemos nuestros defectos proyectados en la gente con la que convivimos, es como una advertencia, una señal, es la forma más directa que tenemos de vernos a nosotros mismos y corregir lo que haya que corregir. Somos espejos los unos de los otros. Lo que no nos gusta de los demás no nos gusta de nosotros mismos. Por eso es mejor no malgastar nuestra energía juzgando y criticando a los demás y emplearla mejor en ordenar nuestra vida, superar nuestros defectos, aumentar y trabajar nuestras virtudes para continuar en nuestro proceso de evolución ¡eso ya es suficiente trabajo!

El Dharma es la Gracia Divina, es simplemente la conexión que podamos establecer con nuestro Maestro Interior para recibir todo el Amor y atributos del Universo, de Dios, para poder crecer y fortalecernos, empoderarnos desde nuestro centro, y así encaminarnos en nuestra evolución como seres espirituales.

A través de la Gracia, la Misericordia y el Perdón podemos acceder al Amor Incondicional que nos corresponde. Maestros como Jeshua han transmitido estos mensajes y ayudan desde los planos causales a continuar con el pasaje de esta Verdad, protegiéndonos y acompañándonos.

Cuando abras tu Tubo de Luz, la Gracia fluirá a través de él desde tu Yo Superior hacia ti, llenándote de paz, amor, alegría, bienestar, todas tus dudas desaparecerán, el tiempo se detendrá, entrarás a Ser y Estar Aquí y Ahora.

Capítulo VIII: Dioses, Escribas y Guardianes

KWAN YIN

También llamada Kwan Shin Yin, significa "la que escucha los lamentos del mundo". Diosa de la Compasión, la Misericordia y el Perdón, es la portavoz del Consejo Kármico y la encargada de ayudar a todas las Almas a traspasar los velos del olvido y llegar a la Luz.

Junto a Madre María e Isis, forma parte de la Trinidad Femenina.

Kwan Yin fue la primera custodia del Fuego Violeta, para ayudar a transmutar las energías de baja frecuencia de los Seres encarnados en los planos inferiores, sanar y equilibrar el karma creado en estos planos encarnación tras encarnación. Más tarde confirió el Fuego Violeta al Maestro Saint Germain, quien es el actual Custodio del mismo.

El regalo que Kwan Yin tiene para ti es una bella flor de Loto Púrpura que te coloca en tu corazón si deseas perdonar y sentir misericordia por los demás. Ella nos pide que nos pongamos en sus manos para ser purificados y custodiados por ella.

Cuando un Ser traspasa la "muerte del cuerpo físico" y desencarna, Kwan Yin le asiste para transmutar y cicatrizar las heridas que pueda tener el cuerpo etérico como pueden ser desilusiones, remordimientos, malos pensamientos, etc. Esto ayuda al individuo en cuestión a presentarse ante el Consejo Kármico con la frecuencia más elevada para poder ser llevado a las esferas superiores de luz más adecuadas para él.

En todo mi proceso con los Registros Akashicos, Kwan Yin ha sido la Maestra Ascendida que me ha guiado y llevado de la mano en toda mi progresión particular con los Registros Akashicos. Me confirmó que así era en una lectura de mis archivos, ratificándome su guía y mentoría durante todos estos años, justamente desde el año 2006.

Como Ser de Fuego Violeta, ayuda a transmutar las energías densas y mal cualificadas, tanto de personas, seres o el planeta Tierra.

ANUBIS, EL BARQUERO DEL ESPÍRITU

Según la mitología egipcia, Anubis era el Señor de las Necrópolis, la ciudad de los muertos, situada en la parte de la orilla occidental del Nilo. Según las creencias egipcias, era el encargado de guiar al espíritu de los muertos al «otro mundo». Vigilaba el fiel de la balanza en el Juicio de Osiris. La Duat era el inframundo, el lugar donde se celebraba el juicio de Osiris, y donde el espíritu del difunto debía deambular, sorteando seres malignos y otros peligros, según está narrado en el Libro de los Muertos.

En la Duat gobernaba Osiris (Dios de la Resurrección). Para los egipcios este lugar es donde Ra (Dios del Sol y del origen de la vida) hacía su viaje en la barca solar.

Anubis es el Dios que dirige y gobierna los espíritus de los hombres, denominados «Occidentales» en los Textos de las Pirámides, que tras su muerte irían a este cielo inferior. En la Duat, el espíritu del fallecido era guiado por el dios Anubis ante el tribunal de Osiris. Anubis extraía mágicamente el corazón, que representa la conciencia y moralidad y lo depositaba sobre uno de los dos platos de una balanza. El corazón era equilibrado con la *pluma de Maat* (símbolo de la Verdad y la Justicia Universal), situada en el otro plato de la balanza.

Mientras, un jurado compuesto por Dioses (el Consejo Kármico) le hacía preguntas acerca de su conducta pasada y, dependiendo de sus respuestas, el corazón disminuía o aumentaba de peso. Thot (Dios de la sabiduría, la escritura, la música, los conjuros y hechizos mágicos), era el Escriba encargado de anotar los resultados y los entregaba a Osiris. Al final del juicio, Osiris dictaba sentencia: si esta era positiva, su fuerza vital y su fuerza anímica podían ir a al Paraíso. Si el veredicto era negativo, su corazón era arrojado a Ammyt, *la devoradora de los muertos* (un ser con cabeza de cocodrilo, piernas de hipopótamo y melena, torso y brazos de león), que acababa con él.

THOT, EL ESCRIBA

Thot, el Escriba del Libro de la Vida, también llamado Dyehuty en egipcio, es el Dios de la Sabiduría, inventor de la Escritura, patrón de los Escribas, de las artes y de las ciencias. Como Dios de la Escritura, inventó todas las palabras y el lenguaje estructurado. Siendo a la vez el Medidor del Tiempo, creó el primer calendario y por ese motivo el primer mes llevaba su nombre.

Se le simboliza físicamente como el ave Ibis.

Thot el Escriba es el inspirador del Alma que habla a través de nuestra personalidad en el mundo, expresándose así la sabiduría eterna e inmortal para guiar a las almas que buscan el conocimiento. Se encuentra en todos y cada uno de nosotros como una de nuestras partes elevadas del Ser, pues él es quien nos inspira, como escriba de todo lo que acontece y pertenece a este mundo, plasmado en los Registros Akashicos de este sistema.

Si queremos que nuestros actos y nuestras buenas obras sean aprobadas a la manera egipcia, plasmándolos con la pluma y el corazón, busquemos la inspiración a través de Thot. Cuando los griegos tomaron contacto con la cultura egipcia buscaron equivalencias entre sus dioses y los egipcios. Thot se vinculó con Hermes, que significa "el grande". Por otro lado, al inicio de la era cristiana, atribuyeron a Hermes el nombre de "el portador de la palabra".

Los griegos dieron a Hermes el nombre de Trismegisto, que significa "el tres veces grande".

Thot sabe pronunciar las fórmulas mágicas con la entonación y vibración correctas, dominando la alquimia completamente.

Tuvo su Ascensión hace 52.000 años. Durante 16.000 años fue el Rey de la Atlántida conocido como Thot el Atlante. Durante este período viajó por distintos planetas encarnando varias veces en la Tierra y se quedó con nosotros hasta el 4 de mayo de 1991, pues su cometido era que los Seres Humanos alcanzáramos un cierto nivel de consciencia.

ARCÁNGEL METATRON, ESCRIBA DIVINO Y AKASHICO

Anteriormente ya he comentado que los Registros Akashicos están custodiados por los Guardianes. Uno de ellos, representando al Reino Angélico, es el Arcángel Metatron, quien, además de custodiarlo, es el Gran Director de la Gran Biblioteca Akashica, guarda as memorias de todos los reinos y de cada uno de nosotros, y es a través de él que podemos acceder a su consulta y lectura. Cuando pedimos permiso para leer nuestro Registro Akashico o el de otras personas, Metatron, junto a nuestro Ángel de la Guarda, es quien nos da o no el permiso para leerlo.

El Arcángel Metatron es uno de los dos únicos Arcángeles que estuvo encarnado en la Tierra y vivió como un humano siendo el profeta Enoc, quien escribió El Libro de Enoc, dictado directamente por Dios para ayudar y guiar a los Humanos. Dios lo llevó al Reino Celestial y lo transformó en Arcángel. El otro, que fue el profeta Elias, era su hermano gemelo Sandalfón.

Junto con Melquizedek y el Arcángel Miguel, forman la Trinidad Masculina, una Jerarquía Espiritual, ya que son los responsables, estando en servicio para la Tierra, la humanidad y su evolución conjunta, de expresar y asegurar el trabajo del Padre/Madre/Dios/ Diosa de todas las creaciones.

Metatron nos proporciona el don del pensamiento claro e intuitivo, ayudándonos a abrir nuestra mente a otras dimensiones superiores de Luz. Nos muestra las oportunidades que tenemos para aprender de cada uno de los obstáculos y pruebas que se nos ponen en el camino para comprenderlas y resolverlas.

EL ÁNGEL DE LA GUARDA

El Ángel de la Guarda tiene un papel muy importante en la lectura de los Registros Akashicos, pues siempre nos acompaña cuando accedemos a ellos.

Como bien dice su nombre, nos Guarda, encarnación tras encarnación. Siempre es el mismo Ser, el Ángel de la Guarda es quien nos acompaña existencia tras existencia, incluso en el espacio entre vidas, en otros planos de existencia y dimensiones superiores. Nos fue asignado desde que nacimos como Espíritu Divino, para guiarnos y acompañarnos en todo nuestro recorrido de experimentación y aprendizaje como Dios/ Diosa que somos. Nunca nos deja, nunca descansa, y estará con nosotros hasta que completemos el círculo de experimentación divina.

El Ángel de la Guarda te acompañará en tu Iniciación Akáshica, él será quien te guiará por el camino hasta llegar al Salón de Iniciación y luego te traerá de vuelta a tu cuerpo físico, velando siempre por ti.

LAS GUARDIANAS DE LOS REGISTROS DE LA TIERRA

La Tierra, nuestro bello planeta, es un cuerpo físico que contiene un Gran Espíritu de Luz llamado Gaia. Así como nosotros precisamos de un cuerpo físico para poder existir en esta tercera dimensión, Gaia precisa de un cuerpo para experimentarse también como Ser de luz que es. Como tal, Gaia tiene sus propios Registros Akashicos y las ballenas son las guardianas de los Registros Akashicos de la Tierra.

Con sus cantos, sonidos y sinfonías mantienen la armonía de Gaia. Estos grandes cetáceos son como los hermanos mayores de los delfines, tienen las mismas cualidades, pero las ballenas superan a los delfines en experiencia y antigüedad. Todos forman la Nación Cetácea y provienen de Sirio.

Las ballenas son el aspecto femenino de la Nación Cetácea. Su antigüedad data de muchos eones en la Galaxia. Ellas tienen una muy antigua historia de amor con Gaia y con nosotros los seres humanos, ellas han habitado y habitan en nuestros océanos desde hace millones de años, son las guardianas de las grandes aguas. Por un acuerdo instaurado en tiempos remotos y arcaicos, también son las que conservan y guardan los registros akashicos de la historia, ellas son Bibliotecas Vivas.

Ante los grandes cambios planetarios que estamos experimentando, su cometido con Gaia y con la humanidad está terminando, están pasando también por la transformación junto a Gaia, en su ascensión a la quinta dimensión. Ellas necesitan que los humanos, nosotros, tomemos las riendas del equilibrio en el planeta, nos comunican que ya tenemos todas las herramientas para que podamos armonizar a Gaia con nuestra conciencia armónica, tanto individual como colectiva.

Las ballenas, como seres ancestrales en la Tierra, ya han cumplido con su cometido y para su propia ascensión, deben transmitir y volcar toda la información que tienen guardada desde hace muchísimo tiempo a los humanos. Ahora ellas ya deben regresar al Sistema Estelar Sirio, que es la dimensión de luz a la que pertenecen. Por eso nos están llamando, están esperando que cojamos el compromiso y nosotros, los seres humanos, como habitantes de la Tierra, seamos los guardianes de sus Registros y sus memorias. Cuando ellas terminen su misión aquí, su ascensión es su máxima recompensa por su amor y servicio.

Para contactar con las ballenas solo hay que dejarse llevar por su sonido, sintiendo su abrazo amoroso. Si te abres a su majestuosidad el sonido de su voz entrará en ti, pudiendo descifrar su lenguaje de luz.

SEGUNDA PARTE

GUÍA PRÁCTICA

Capítulo I: Llaves Akashicas

Existen muchas maneras de acceder a los Registros Akashicos. En este libro te enseñaré una de ellas, la que llevo utilizando todos estos años. El Sistema Annamorah utiliza diferentes llaves para que todo el proceso de apertura y acceso se realice de la mejor forma y con la frecuencia lo más alta posible.

Esta serie de llaves akashicas que te muestro a continuación te ayudarán a conectar mucho más con las memorias ancestrales de tu Alma.

TU NOMBRE Y FECHA DE NACIMIENTO SON SAGRADOS

El nombre que tiene cada persona está intrínsecamente ligado a su alma y a su vida. Actúa como el canal por medio del cual la fuerza vital fluye al cuerpo. Cada letra tiene una Fuerza Divina única.

El nombre que tienes, tiene una vibración específica que te hace único, es la misma vibración de tu Alma y contiene toda la información necesaria para desarrollarte en esta encarnación, por eso es tan importante aceptarlo tal cual es y nombrarse a sí mismo con él.

Es muy importante apuntar tu nombre y apellidos igual que está en el registro civil, pues es tu nombre terrenal para esta encarnación.

Voy a contarte algo que seguramente no sabes y es que el nombre que tienes, lo escogió tu Alma en el Espacio entre Existencias antes de encarnar, luego fue canalizado a los padres, abuelos o quien sea que decidió cómo te ibas a llamar. Es por eso que es tan importante que aceptes total y completamente tu nombre.

Tu fecha de nacimiento también es importante porque marca un tiempo en el espacio, dándote muchas claves y pautas, también está registrado en ella tu plan divino para esta encarnación. Es a través del estudio del libro de la vida a través de la Kabala, de la numerología o de la carta astral que puedes obtener toda esta información.

En el proceso de apertura y lectura de tus registros akashicos que vas a aprender en las siguientes páginas, tu nombre, apellidos y fecha de nacimiento deben ser escritos por completo, por ejemplo: Ana Ramon Pinto, 17 de febrero de 1969.

LAS ORACIONES SAGRADAS

SÍMBOLOS

Existen diferentes símbolos de conexión, activación y apertura del Canal Akashico. Estos símbolos que utilizamos en el Sistema Annamorah han sido todos canalizados desde los registros akashicos y se enseñan en la formación para certificarse como Maestros de Lectores Akashicos Annamorah. Estos símbolos son los que se utilizan a la hora de realizar las iniciaciones que nos hacen los Maestros Akashicos. Son las llaves maestras de activación.

MANTRAS SAGRADOS

Existen muchas maneras de acceder a los Registros Akashicos a parte de utilizar las Oraciones Sagradas. Una manera es entonar ciertos mantras sagrados que facilitarán la conexión con los Registros Akashicos.

Aquí voy a mostrarte dos de los que he estado utilizando durante los últimos años, con unos resultados espectaculares y muy buenos, no solamente porque actúan a nivel espiritual, sino también a nivel físico, recodificando y modelando todo aquello que está vibrando en baja frecuencia y elevándolo a las más altas vibraciones de Luz.

El primer mantra es: KODOISH, KODOISH, KODOISH ADONAI TSEBAYOTH y significa SANTO, SANTO, SANTO ES EL SEÑOR DIOS DEL UNIVERSO.

Este mantra contiene una codificación de luz tan elevada, un patrón de luz tan alto, que las fuerzas negativas no pueden utilizarlo cuando tratan de hacerlo ni pueden permanecer ni por un segundo en presencia de la vibración que emite cuando es recitado.

El poder trino del KODOISH, KODOISH, KODOISH crea un pilar de energía por el cual el espacio-tiempo pueden ser atravesados por el cuerpo físico, resonando con otros niveles y dimensiones de inteligencias divinas.

Puedes recitar este mantra como protección porque esta expresión sagrada es la conexión entre todas las jerarquías. Sólo el hecho de recitarlo, aparte de proteger, ayuda a elevar la conciencia, a recodificar aquello mal cualificado ayudando a la resolución de problemas.

Cuando entonamos el KODOISH, KODOISH, KODOISH, los seres angélicos se reúnen respondiendo al llamado para asistirnos con su amor y bondad. Cuanto más lo utilizamos más conectados estaremos con las hermandades superiores y las jerarquías de Dios/a.

El segundo mantra es: el Sonido Primigenio Universal OM o AUM. Este mantra mundialmente conocido es el más utilizado por los seres humanos.

Significa "El Verbo hecho Carne" y la manifestación del Amor en este plano material.

Todo el universo vibra, nada está quieto, todo está en constante movimiento. El sonido OM vibra en la frecuencia de 432 Hz, que es la misma frecuencia de vibración de todo lo encontrado en la naturaleza. Es el sonido básico del universo, de modo que al cantarlo, reconocemos nuestra conexión con todos los seres vivos, la naturaleza y el universo.

OM es la nota del corazón, de la Liberación de las formas, la ilusión, y permite que la personalidad (ego) y el Alma empiecen a fusionarse entre sí, y así el ser humano empieza su camino y trabajo bajo la guía consciente del Alma.

Cuando cantamos el OM la mente se relaja, la presión arterial disminuye, mejorando la salud de tu corazón.

Si entonas OM tres veces exhalándolo suavemente, la primera vez tendrá un efecto sobre el cuerpo mental, la segunda vez más fuerte equilibrará el cuerpo emocional y la tercera vez aún más fuerte, actuará sobre el cuerpo físico. Como puedes ver, entonar este mantra desde la conciencia, desde el Alma, tiene un efecto positivo sobre los TRES cuerpos. Un resumen de los efectos que conlleva cantarlo desde el Alma y lo que este mantra provoca en estos tres cuerpos es el siguiente:

Nivel mental: hace vibrar el centro de la cabeza, aquietando la mente, vincula el Ego con el Ser, unificándolos, elimina las energías negativas y construye otras más elevadas.

Nivel emocional: equilibra el cuerpo emocional activando el chakra corazón, elimina la energía negativa del cuerpo emocional y da poder a la intuición descodificada en el corazón.

Nivel físico: crea un escudo protector y rechaza todas las influencias externas de baja frecuencia que se encuentran en el ambiente.

MANDALA AKASHICO

De acuerdo con Thot, el Escriba del Libro de la Vida, este mandala llamado LA FLOR DE LA VIDA, de geometría sagrada, contiene dentro de sus proporciones cada aspecto de la vida que existe, contiene el patrón de toda la Creación. Contiene cada fórmula matemática, cada ley de la física, cada armonía en la música, cada forma de vida biológica, hasta nuestro propio cuerpo. Contiene cada átomo, cada nivel dimensional, absolutamente todo lo que está dentro de los universos en forma de onda.

La geometría sagrada es el Lenguaje Universal de Luz que nos permite tener información de nuestra memoria celular. Este símbolo ancestral contiene todas las formas geométricas. Dentro de cada una de nuestras células existe una réplica exacta de este mandala que contiene todos los patrones y figuras geométricas.

Este símbolo se encuentra impreso en muchos lugares de la Tierra, como en Egipto, Israel, España, Japón, India, y muchos otros países del planeta.

Es a través de la Flor de la Vida que podemos viajar a través del espacio-tiempo, de todas las dimensiones y conectarnos con todos los planos de existencia sea cual sea su vibración. Encontrarás cómo utilizarlo en la parte práctica al final de este libro.

Capítulo II: Transmutación de memorias karmicas

¿Recuerdas cuando te he hablado del karma y sus consecuencias? A veces creamos Karma de manera inconsciente, perjudicándonos igualmente.

A día de hoy, podemos decir que ya no acumulamos karma, más que el que creamos de forma consciente. Pero, aún así, en los siguientes párrafos tienes una muestra de cómo puedes transmutar y liberar todas las memorias karmicas creadas en esta existencia o en existencias pasadas, sanando así la parte que ahora nos perjudica y pudiendo seguir nuestro camino evolutivo con la mochila lo más ligera posible.

EL PERDÓN

Cuando se guarda rencor se bloquean los centros energéticos del cuerpo vital y aparecen enfermedades, depresiones y angustias. El aura permanece oscura y densa y se forma un muro energético de baja vibración que dificulta la entrada de energías y bendiciones de las esferas superiores de Luz.

El Proceso de transmutación de las memorias karmicas va asociado a todos los momentos de vida en que estas memorias bloquean nuestra verdadera esencia, porque no se liberan.

Es únicamente a través del Perdón que pueden ser transmutadas y liberadas para vivir y existir en pleno estado de Gracia Divina, que es el estado puro y natural del Ser.

El perdón no solamente sana las relaciones con los demás, sino con uno mismo, pues todas las memorias karmicas contenidas en nuestras células han sido provocadas por uno mismo en otras existencias (y puede que en esta también). Por ende, es importante ser consciente que primero debemos trabajar el perdón con nosotros mismos para luego aplicarlo a los demás, a situaciones y a acontecimientos pasados.

El perdón abre las puertas al amor.

Existe un decreto del perdón que lo engloba todo: el perdón a uno mismo, el perdón a otros y el perdón de otros.

Cuando recitamos este decreto desde la conciencia y por 33 días seguidos, se produce un efecto sanador y transmutador a todos los niveles, porque 33 días son los días que necesita la mente para cambiar de patrón y de creencias limitantes.

33 también representa el ideal del AMOR en su más pura expresión, esto es, no sólo el amor a las personas de tu entorno, sino el que abarca a todos los seres humanos. El amor que significa entrega, sacrificio y compasión. El amor que genera los más altos ideales y los ofrece a sus semejantes.

Éstos 33 días también servirán para anclar las energías de alta frecuencia del akasha en tu ser aquí en la Tierra, liberar todo aquello que consciente o inconscientemente está ocupando un sitio sin un "servicio activo" y finalmente integrar, potenciar y expandir tu Tubo de Luz.

DECRETO DEL PERDÓN

El poder sanador de esta oración es ilimitado. Nuestro pasado consiste en todo lo ocurrido antes de «esta encarnación». Si se hace al final del día, limpia todas las partículas de negatividad que ayudan a construir nuestros muros de separación entre el Yo encarnado y el Yo Superior

«Si me he herido con palabras, pensamientos y acciones en el pasado, presente o futuro, de modo consciente o inconsciente, en ésta o en cualquier otra realidad, que no estén compuestos de las energías del Amor Sagrado, me perdono y me libero. Si hay alguien o algo que me ha herido con palabras, pensamientos y acciones en el pasado, presente o futuro, de modo consciente o inconsciente, en ésta o en cualquier otra realidad, le devuelvo envueltos en una burbuja de Amor y Luz todos los recuerdos negativos y energías impactantes, y le perdono y le libero. Si yo he herido a alguien o a algo con palabras, pensamientos y acciones en el pasado, presente o futuro, de modo consciente o inconsciente, en ésta o en cualquier otra realidad, pido que me perdone y me libere.» Pido a los Ángeles del Perdón que impregnen todas las dimensiones de mi Ser con las frecuencias más altas de Luz, Amor y Bondad. Así sea. Así es."

LIBERACIÓN Y REVOCACIÓN DE VOTOS, JURAMENTOS Y PROMESAS KARMICAS

Los Votos, Juramentos y Promesas karmicas son decretos de obediencia que hicimos en otras existencias, incluso en esta existencia actual.

Ejemplos podrían ser: "nunca más volveré a....", " te prometo mi amor eterno", "te prometo.", "desde ahora y para siempre..", " te juro que .", etc.

Es conveniente revocarlos porque siguen actuando en el momento presente, siendo un obstáculo en nuestra existencia actual, o nos impiden disfrutar de aquello que prometimos o renunciamos. Por ejemplo, si hiciste un voto de pobreza, puede que ahora estés teniendo dificultades con todo lo relacionado con la abundancia económica; si hiciste un voto de silencio, seguramente en esta vida eres una persona introvertida, tímida o con miedo a expresarse, incluso puedes tartamudear.

Ejemplos como estos nos impiden ser felices y ya es hora de acabar con ellos.

Esta revocación es a modo orientativo, tú puedes poner tantos votos o promesas como creas que has realizado a lo largo de tus existencias. Recuerda que cuando revocas un voto, debes decretar también su contrario: ej: si liberas tristeza, te permites tener alegría.

Proceso de Revocar:

Céntrate en tu corazón, visualiza o imagina todos los nudos que pueda haber de votos y promesas que realizaste. Respira hondo y sé consciente de todos ellos. Ahora empieza a decir el decreto. Cada vez que hagas una revocación (una frase), respira hondo y suelta exhalando el aire, con la intención de soltar y liberar este voto o promesa. Sigue revocando todos y cada uno de ellos.

Después de haberlos revocado todos y haberte perdonado a ti mismo, empiezas los decretos permisivos (que es todo lo contrario). Cada vez que digas uno, respira hondo e intégralo en ti con la exhalación.

DECRETO DE LIBERACIÓN Y REVOCACIÓN

Yo... (aquí tu nombre, apellidos y fecha de nacimiento)... invoco desde el amor de mi corazón y con la libertad que me otorga el Ser, la presencia de mis Maestros, Guías y Ángeles del Perdón, con la intención de revocar mis votos, juramentos y promesas contraídas en algún momento de mi existencia, en este plano o en cualquier otro plano, desde que fui concebido como espíritu hasta el momento presente. Me presento con humildad y redención ante Dios, el Consejo Kármico y el Tribunal de la Justicia Divina. Estoy muy agradecido por su asistencia amorosa y ante ustedes, pido perdón a Dios, a mi conciencia divina Yo Soy y a quien corresponda por las veces que he infringido la ley del libre albedrío, matando o sacrificando seres animales o humanos, con o sin su permiso. Pido perdón por todas las veces que he actuado en nombre o en contra de Dios/Yo Soy y por todos los actos en contra de la vida que he realizado en cualquier momento de mi vida eterna, contra mí o contra cualquier ser vivo. Solicito que se liberen, borren y transmuten todas estas energías y memorias, llenando este espacio y mi templo sagrado (que es mi cuerpo) de Amor Divino y Luz Pura.

Aquí y ahora yo:

Renuncio y me libero de todos los votos relacionados con la pobreza.

Renuncio y me libero de todos los votos relacionados con la castidad.

Renuncio y me libero de todos los votos relacionados con la flagelación y el auto castigo.

Renuncio y me libero de todos los votos relacionados con la alimentación.

Renuncio y me libero de todos los votos relacionados con morir o matar en nombre de Dios.

Renuncio y me libero de todos los votos relacionados

con la tristeza.

Renuncio y me libero de todas los promesas relacionadas con el amor eterno.

Renuncio y me libero de todas las veces que me he negado a mi mismo.

Renuncio y me libero de todos las promesas y juramentos que me impiden canalizar y conectar con mis registros akashicos.

Yo me libero de todos los votos y promesas contraídos en ésta encarnación o momentos de mi existencia hasta ahora y para siempre.

En el día de hoy me perdono a mí mismo y decreto que de aquí en adelante:

Me permito experimentar toda la prosperidad y abundancia en todos los aspectos de mi vida.

Me permito deleitarme con los alimentos en la forma y cantidad que desee ingerirlos

Me permito gozar de una sexualidad sana y plena. Me permito experimentar alegría.

Me permito ser libre.

Me permito acceder al contacto con mi Alma a través de los Registros Akashicos.

Me permito canalizar fácil y fluidamente.

En el día de hoy, me permito tener y disfrutar todo lo que desee en conformidad con mi Plan Divino.

Por el poder de Dios que hay en mí, así es, así es, así es.

Lugar: (aquí dices el sitio donde te encuentras, calle, nº población, país)

Fecha: (aquí dices la fecha del día que revocas los votos)

Yo Soy: (aquí dices tu nombre y apellidos)

Un ejemplo muy claro es el que nos da la iglesia católica cuando procede a un enlace matrimonial. En el momento de pronunciar los votos ante Dios se dice bien claro: "…. Prometo esto, lo otro, lo de más allá…. hasta que la muerte nos separe".

¿Te has fijado? Hasta que la muerte nos separe. Ya se decreta bien claramente que cuando termine esta encarnación y pasemos por el proceso que llamamos "muerte" este juramento y pacto quede anulado.

Puedo decirte por experiencia propia, que en cualquier momento puedes revocar este voto si te casaste y te divorciaste diciendo: " aquí y ahora de forma consciente, rompo todo pacto y anulo toda promesa, juramento y voto que hice el día XXX con XXXX persona."

Es una buena manera de no llevar esta carga a otra existencia, además de liberarte tu, liberas a otras personas que están ligadas a ti como consecuencia de todos estos votos, promesas y juramentos.

Capítulo III: Guía para la lectura akashica

Todas las respuestas están en nuestro interior. Y lo que está dentro también se refleja fuera. Las respuestas que buscamos fuera deben ser primero procesadas dentro, por lo que todo lo de fuera es un reflejo de lo que hay dentro.

En las lecturas de Registros Akashicos a veces no se nos responde al momento, vienen las respuestas más tarde, en unas horas, días o incluso meses. Hay que dejar que el proceso sea lo más natural posible y no preocuparse si cuando hacemos una pregunta no se nos responde. Ten por seguro que en cualquier lugar vas a encontrarla, puede ser en la calle, en una publicidad de un coche, en un anuncio de un periódico, en una conversación entre dos personas, en una canción, etc.

Recuerda que el Lenguaje de Luz se manifiesta de muchas maneras.

CONSEJOS PARA UNA LECTURA EFECTIVA

Llegado a este punto donde tienes toda la parte teórica, ya sabes con lo que vas a trabajar, es momento de pasar a la parte práctica. Por eso te doy los siguientes pasos a seguir para realizar una buena apertura akashica.

- No conduzcas ni utilices maquinaria pesada mientras tengas los Registros Akashicos abiertos.
- No enciendas inciensos, **ni** pongas música, **ni** velas delante de ti que puedan distraerte, **ni** comas nada ya que durante las canalizaciones puedes notar en tu boca sabores, así como recibir olores, sonidos...etc.
- Es aconsejable hacer una lista de preguntas antes de abrir los Registros: se puede preguntar por aquello que preocupa, dudas que se deseen resolver, también para encontrar soluciones a problemas o ver las diferentes posibilidades existentes en los diferentes caminos cuando se toma una decisión concreta.
- Cuanto más clara y concreta es la pregunta, más clara y concreta es la respuesta. Puedes preguntar sobre cualquier tema siempre que tenga que ver contigo.
- Utiliza tu nombre y apellidos igual que están en el registro civil y tu fecha de nacimiento para abrir los Registros Akashicos. Recuerda que tu nombre es Sagrado y lo que es arriba es abajo, el registro civil aquí en la Tierra es el que verifica tu autenticidad.
- Siempre LEE los Decretos (oraciones). Así se actúa desde la conciencia, poniéndole atención a lo que se lee.
- No enseñes este proceso a nadie sin que haya leído este libro y haya realizado la iniciación, pues es a través de su lectura que la persona obtendrá el entrenamiento previo en su uso, debiendo realizar la activación de la Llama Trina descrita al final del libro y a posteriori realizar la iniciación que

Anna envía personalmente por mail (recuerda de pedírsela escribiéndole un correo electrónico a annamorah3@gmail.com, pues de otra forma no tendrá el canal activado (a no ser que los propios maestros se lo hayan activado y/o por evolución espiritual ya lo tenga activado).

- Se puede preguntar sobre cualquier tema siempre que tenga que ver contigo (si abres tus registros) o tenga que ver con la persona que consulta.

- Nunca jamás abrimos los Registros a otra persona SIN SU PERMISO DADO EXPRESAMENTE. Si la persona no nos lo pide, no se los abriremos, porque estaríamos infringiendo la Ley Universal del Libre Albedrío. En este punto remarco que ni a los propios hijos se les abre sus registros akashicos, pues hasta que no tengan la conciencia desarrollada (sean más mayores) no es aconsejable para no alterar su evolución.

- Si abres tus registros akashicos por la noche, haz este decreto después de tu apertura akashica: "si me quedo dormido, mis registros akashicos se cierran automáticamente", así evitas que cualquier entidad entre a manipular tu personalidad mientras duermes. ¡¡Esto es SUMAMENTE IMPORTANTE!!

- Es aconsejable que abras tu Registro Akashico durante los próximos 33 días y lleves un registro diario de tus experiencias, aunque no veas ni sientas nada, anótalo igualmente. La constancia hace al Maestro y muchas son las veces que no nos llega información; a veces es una prueba para ver en qué lugar nos posicionamos, si estamos dispuestos o no a seguir o tiramos la toalla, puede que tu Yo Superior te ponga este reto. No te apures, tú sigue abriendo los Registros igualmente. El proceso continuará y tu constancia y perseverancia traerán a tu vida los cambios que deseas.

- Si tienes dudas respecto a la información que te dan pues no aclaras si es tu mente o realmente los mensajes de los registros haz este ejercicio: respira profundamente y céntrate en tu chakra corazón. Haz la pregunta: "¿es esto cierto?" Pon atención a qué sientes. No tendrás dudas en la respuesta, pues tu corazón no puede engañarte en las respuestas puesto que está desprovisto de "mente", solo es Amor. Si la respuesta es sí, notaras una sensación de paz interior, si la respuesta es no, notaras inquietud y continuarás teniendo dudas. Si te quedas sin sentir absolutamente nada, no te preocupes, déjalo y pasa a la siguiente pregunta.
- Una lectura que provenga directamente de la Fuente se reconoce por las emociones que se suscitan en nosotros: Amor, Comprensión, Paz.

PREPARACIÓN

Antes de empezar una Lectura de Registros Akashicos es importante tener en cuenta los siguientes puntos:

No tengas prisa: aprovecha el tiempo que vas a dedicar a la Lectura akashica para nutrirte de la energía del Alma, dedícate al menos para ti 30 minutos al día. Tu cuerpo y tu Alma lo agradecerán.

Busca un lugar tranquilo: puede ser una habitación donde nadie te moleste, olvídate del teléfono disfruta de la paz del Yo.

Ten este Libro a mano para leer el Proceso Completo, no memorices.

Provéete de una botella de agua: el agua ayuda a asimilar la información en nuestras células, a la vez que ayuda a limpiar todas las impurezas que podamos liberar en el momento de la Lectura.

Si se diera el caso que suena el teléfono y atiendes la llamada, automáticamente los Registros serán cerrados y el Tubo de Luz también. Igualmente asegúrate de cerrarlos posteriormente.

Cuando leas tus Propios Registros:

Registra todo por escrito: Tener una libreta donde apuntar todo lo que vas canalizando, toma nota de las palabras, emociones, sentimientos, imágenes, los símbolos, los colores, los olores e incluso los sabores que te vayan viniendo en tu lectura. Apúntalo todo tal cual te viene. Posteriormente tendrás una rápida guía de referencia de tus experiencias. Puede también contribuir a clarificar las respuestas que recibes por preguntas específicas. Ya que será tu compañera de viaje, compra una libreta bien bonita y escribe tu nombre y tu fecha de nacimiento que quede bien bonito, puesto que la información que vas a ir recibiendo es Sagrada.

Agradece siempre a los Maestros y Guías.

Cierra tus Registros Akashicos después de la Lectura: no aconsejo dejarlos abiertos durante todo el día porque como éstos son Sagrados, por el simple hecho de tener contacto con personas que vibran en tercera dimensión (recuerda que los Registros Akashicos vibran con la frecuencia del Alma y ésta es altísima) se cerrarán para tu propia seguridad. Es mejor cerrarlos conscientemente.

Tampoco es aconsejable dejarlos abiertos antes de acostarte toda la noche para tener sueños más lúcidos, pues al no ser consciente de tus sueños, podrían ser manipulados por entidades de baja frecuencia. (explicado el decreto que puedes hacer un poco más arriba).

Si lees los Registros de otra persona:

Un buen Canal Akashico nunca se atribuye los méritos ni los logros obtenidos, puesto que es el Alma del consultante quien los está dictando.

No olvides que la humildad es nuestra mayor virtud.

Siempre hay que decir todo lo que te venga, tal y como te venga, por duro que te parezca. El mensaje es para quien lo consulta. Si el consultante no lo entiende, ayúdale a descodificarlo.

Ofrece al consultante el Decreto del Perdón y la Liberación y Revocación de Votos para que pueda seguir trabajando toda la energía que se le ha descargado en su Lectura.

Nunca te quedes con el proceso de nadie. Una vez has terminado la Lectura, limpia energéticamente el lugar (con incienso, palo santo o cualquier otro método que conozcas).

Si así lo deseas puedes hacer firmar un Consentimiento de Lectura. Tienes una muestra del mismo en el apartado Fichas.

Las lecturas a otros pueden realizarse en presencia. a distancia, por skype, por escrito y/o por teléfono.La información será siempre la misma.

Y lo más importante de todo: para leer los Registros Akashicos de OTRAS PERSONAS, SIEMPRE hay que tener su permiso verbal. No vale preguntar directamente al Alma, pues la persona (que es el Alma Encarnada) tiene el libre Albedrío para decidir si quiere o no que sean consultadas sus memorias). Incluso si vemos que podemos ayudar a una persona abriéndole sus akashicos, si no nos lo pide, NO se los abrimos. Lo que sí podemos hacer es preguntarle si nos da su permiso para leérselos. Otra cosa que podemos hacer es abrir nuestro propio Registro y preguntar si está en nuestra mano ayudar a esta persona y si es afirmativo, preguntar cómo lo podemos hacer. También podemos preguntar cuál es la lección que tiene para nosotros con su actuación. No interferiremos nunca jamás en su proceso sin su permiso.

Nota importante:

Anna Ramon Pinto y la Escuela de Evolución Consciente Annamorah, no nos hacemos responsables de las lecturas realizadas a otras personas sin la certificación oficial Annamorah, no avalando las mismas ni a la persona que las realiza.

Capítulo IV: El Proceso Completo

SISTEMA ANNAMORAH

El Proceso Completo SARAH, el Sistema Annamorah, es un procedimiento ordenado para acceder a los Registros Akashicos y tener la información de las memorias de todas las existencias que el espíritu está viviendo.

Este procedimiento consta de unos pasos que deben realizarse en el orden descrito a continuación, para que la apertura akashica se complete desde las más altas frecuencias de Luz.

LA INICIACIÓN

Que puedas recibir la Iniciación después de haber leído (pídela por mail a annamorah3@gmail.com pues es un archivo mp3) ha sido un bonito proceso propuesto por el Consejo Karmico y se ha llevado a cabo desde la Sala de Iniciación del Recinto Akashico a través de una Ceremonia Sagrada dirigida por los Maestros del Registro Akashico. En ella hemos participado el Consejo Karmico, mi yo akashico y yo como Anna, mi Ángel de la Guarda, los Arcángeles, los representantes de los Registros del Reino Animal, Vegetal, Mineral, Humano, de la Tierra, del Universo y del Cosmos.

Fueron invitados a participar los Maestros Ascendidos y otros Seres de Luz.

Lo más importante de todo el proceso es recibir la Iniciación, que es realizada por los mismos Maestros de los Registros Akashicos. Mi Yo Akashico que habita en el Recinto de los Registros Akashicos es el encargado de facilitar las llaves que abren las puertas de tu Canal de Luz para que los Maestros puedan sintonizarlo, activarlo y conectarlo con la Fuente.

Una vez recibida la Iniciación, ésta no es revocable, estarán todos tus diferenciales activados y "hacia arriba". Puedes recibir la iniciación las veces que desees ya que renueva las energías de tu cuerpo y eleva mucho más tu frecuencia vibratoria.

Decretar las Oraciones Sagradas únicamente NO conecta con los Registros Akashicos. Es preciso ser sintonizado y activado a través de esta Iniciación en mp3 por mail, y habiendo activado la Llama Trina en el último capítulo de este libro. Como vas a ver, dispones de varias meditaciones diferentes para acceder al Recinto Akashico y tomar tu Iniciación.

Una vez hayas realizado la meditación y recibido la iniciación ya podrás empezar a practicar con tus propios registros, los de otros, de los vegetales, animales, cristales, lugares, objetos, la Tierra, la humanidad y el cosmos.

EL PROCEDIMIENTO

Hay que hacer el procedimiento de apertura por este orden, todos los pasos son imprescindibles. La técnica que usamos es bien sencilla. Consta de 3 partes:

1. Apertura del Tubo de Luz y Protección: al hacer la Respiración de la Luz, nuestro Tubo de Luz se abre para recibir sanación, protección y elevar la frecuencia vibratoria de todos los cuerpos (físico, mental, emocional y espiritual). Una vez abierto el Tubo de Luz, la Gracia y la Energía Akashica desciende desde nuestra Alma, impregnando directamente todos nuestros cuerpos. Nos sentiremos plenos, tranquilos, en unidad con el Todo, nuestra frecuencia subirá y estaremos energéticamente preparados para tener un muy buen contacto con nuestro Yo Superior, los Maestros, los Guías y el Acceso a los Registros Akashicos.
2. Oración de ingreso y acceso al Registro Akashico. El Recinto del Registro Akashico es un lugar Sagrado, es la Gran Biblioteca donde se encuentran todas las memorias de las personas, animales, plantas, cristales, la Tierra, el Universo... todo está allí archivado. Una vez dentro del recinto del Registro Akashico, vas a pedir permiso para tener acceso a los registros que desees consultar. Dicha este decreto y sólo entonces, los Guardianes, Maestros y Guías del Registro Akashico saben que eres realmente Tú el que pide tener acceso a los archivos. (recuerda decir tu nombre 3 veces). Apunta en tu libreta la primera pregunta que desees hacer y esperas la respuesta. Anota todo lo primero que te venga, por absurdo que sea. Puede venir en forma de palabras, imágenes, símbolos u oirás una voz interior que te habla. No esperes oír una voz a través de los oídos. La voz del Alma sólo se escucha en el corazón. Cuando ya no te venga nada más, formulas la siguiente pregunta.
3. Cierre del Registro Akashico. Cuando termines tu lectura siempre debes cerrar los Registros Akashicos.

TERCERA PARTE

FICHAS TÉCNICAS Y RECURSOS

Trabajo con las Fichas Técnicas y los Recursos

Esta tercera parte del libro la he querido dedicar a detallar mediante fichas técnicas el proceso para cada modalidad de apertura akashica y recursos adicionales que están relacionados con la conexión a los registros akashicos.

LAS FICHAS TÉCNICAS

En las fichas técnicas hallarás la metodología específica para cada modalidad de apertura los Registros Akashicos.

LOS RECURSOS

En los recursos hallarás el significado de algunas tipologías distintas de Lenguaje Universal de la Luz y técnicas adicionales de ayuda que van a ser muy valiosas para ayudarte a desbloquear y liberar todas aquellas interferencias que puedas tener para conectar contigo mismo y para avanzar en tu proceso álmico.

FICHAS TÉCNICAS

Ficha Técnica 1
Apertura y Cierre del Tubo de Luz

La apertura de Tubo de Luz es el primer paso que darás para hacer una Lectura Akashica. Se realiza siempre al principio del proceso de apertura, ya que ayuda a elevar la frecuencia rápidamente, ofrece protección y a la vez paz interior, que es el estado que se precisa para tener una buena conexión álmica.

Una vez abierto el Tubo de Luz, la Gracia, la Paz del Yo desciende desde tu Alma impregnando directamente todos tus cuerpos. Te sentirás pleno, tranquilo, en unidad con el Todo, tu frecuencia subirá y estarás energéticamente preparado para tener un muy buen contacto con tu Yo Superior, Tu Alma, Maestros y Guías.

El procedimiento es sencillo, basta con realizar tres respiraciones que van unidas entre sí, que conectan tu chakra corazón con el ckakra corazón de la Tierra y el Corazón de tu Alma, estando completamente conectado con lo que es arriba y abajo.

Detallo a continuación las tres respiraciones por separado, para que puedas practicarlas. Cuando ya tengas clara cada una, es hora de unirlas y hacerlas una. Una que está dividida en tres partes (las tres respiraciones).

Esto significa que cuando terminas la primera respiración en la estrella de la Tierra, sigue la segunda empezando desde la Estrella de la Tierra y terminando en el chakra corazón del planeta. Y luego la tercera empieza en el chakra corazón del planeta hasta llegar a tu alma.

Con las tres respiraciones habrás abierto tu Tubo de Luz y ya podrás seguir con el proceso de apertura akashica que desees hacer.

Antes de empezar, toma una respiración profunda para centrarte.

- 1 respiración: Toma una respiración profunda, inspirando y llenando de aire tu abdomen y súbelo hacia la parte baja de tus costillas, y luego la parte superior, elevando levemente las clavículas hasta tus hombros. Debe ser un movimiento suave, silencioso y continuo, imaginando que estás respirando Luz. Ahora exhala imaginando que la Luz baja nuevamente por tu pecho y abdomen, por tus piernas y llegando hasta tu estrella de la Tierra, por debajo de tus pies.
- 2 respiración: Toma una respiración profunda, inspirando y haciendo subir la luz desde la estrella de la Tierra, pasando por todo tu cuerpo por el canal central hasta la Estrella del Alma (la que está a unos 50 cm por encima de la cabeza). Ahora al exhalar, la Estrella del Alma te envía una lluvia de luz dorada que te baña, te rodea, te penetra, entra por el chakra de la coronilla y sale por la planta de tus pies llegando hasta el centro de la Tierra, el Corazón del planeta.
- 3 respiración: Toma una respiración profunda, inspirando y haciendo subir la luz desde el centro de la Tierra hacia arriba, entrando por la planta de tus pies, llenando todo tu cuerpo que comienza a irradiar luz, sale por el chakra de la coronilla, hasta tu Estrella del Alma, que

está encima de tu cabeza. Ahora Al exhalar, envía la luz desde tu Estrella del Alma hasta tu Yo Superior.
- En éste momento el Tubo de Luz está abierto.

Permítete estar dentro del Tubo de Luz durante unos instantes, para sentir su energía y elevar tu frecuencia.

Hay personas que no sienten nada, otras sienten como si su cuerpo se moviera en vaivén, como si notaran el latido fuerte del corazón, incluso mueven la cabeza. Y es porque la energía los empuja hacia adelante y hacia atrás. Este es uno de los símbolos más característicos que el Tubo de Luz está totalmente abierto. Otras personas sienten calor en las manos. Esto también es una señal para empezar ya con los decretos.

En caso de no sentir nada, permítete estar dentro del Tubo de Luz durante al menos dos minutos, para elevar tu frecuencia, limpiar tu canal y estar lo más elevado posible.

Muchas son las veces que solamente abrimos el Tubo de Luz, sin abrir los Registros Akashicos, para recibir paz interior. Es una manera de meditar, aparte de nutrir el aura, el cuerpo y dejar que los pensamientos nos dejen tranquilos un rato, estemos en el puro estado de SER y ESTAR.

Para cerrar el Tubo de Luz, hacer el gesto de tocar por tres veces el chakra corona con la palma de la mano diciendo: cierro, cierro, cierro (puedes sustituir estas palabras por otras como Amén, Namasté o la que tú desees para finalizar el sellado y cierre del Tubo de Luz).

Ficha Técnica 2
Decreto de Protección

A parte de recibir protección a través del Tubo de Luz, después de tenerlo abierto, vas a realizar siempre un decreto de Protección para que ninguna entidad o energía negativa y de baja frecuencia pueda entrar e interferir en tu Lectura. "Decretar" significa "Decir, Recitar" y es aconsejable decirlo siempre en voz alta.

Comparto contigo dos decretos, puedes utilizar el que más resuene en ti:

Decreto metafísico:

"Yo Soy el Gran Círculo Mágico de Protección Alrededor Mío, que es Invencible, que Repele Todo Elemento Discordante que Intente Entrar a Molestarme, Yo Soy la Perfección de Mi Mundo y Esta Está Autosostenida".

Decreto Annamorah: (canalizado directamente del Arcángel Mikael mientras se escribe este libro)

"Con el Poder de Dios en Mí, con el Poder de la Espada del Arcángel Miguel, trazo alrededor mío un círculo de Luz Azul formando un Escudo que me protege y ahuyenta todo aquello que no vibra en la frecuencia más elevada de Amor y Luz. Pido que las Legiones de Miguel se coloquen a mi alrededor formando

un círculo con su espada en guardia y mirando hacia afuera, protegiendo mi Ser en todas las dimensiones y espacios donde Yo Existo, allí donde Yo Soy".

Ficha Técnica 3
Apertura de tus Registros Akashicos.

Una vez abierto el Tubo de Luz y dicho el Decreto de Protección, ya estás preparado para abrir los Registros Akashicos.

Este es el Decreto para abrir TUS PROPIOS REGISTROS.

"Yo (aquí dices por 3 veces tu Nombre, Apellidos y Fecha de Nacimiento)...pido a Dios Yo Soy y a los Maestros Akashicos me permitan ingresar a la Gran Biblioteca Akashica bajo su guía y protección. Pido a mi Yo Superior, a mis Maestros y Guías me permitan ser un Canal Akashico de Luz para descodificar todas las memorias de mi Alma, para mi mayor bien y para el mayor bien de todos los involucrados, bajo la Gracia y de manera perfecta".

Toma una respiración profunda y di: "Mis Registros Akashicos están abiertos".

Y ya puedes empezar a formular tus preguntas, apúntalas en tu libreta y no olvides poner la fecha del día que haces la lectura, pues te servirá para tiempos venideros, cuando leas todo lo que escribiste, puede que te des cuenta que hay muchos mensajes para el momento en que los lees.

MI TRUCO

Como ya he comentado anteriormente, la mente tiene mucho poder y es capaz de interferir en nuestras Lecturas Akashicas. Después de probarlo durante más de dos años, he encontrado una manera de mantener la mente fuera del proceso y quiero compartirla contigo porque sé que te será de gran ayuda.

Cuando hagas decreto de tus propios Registros, en vez de decir:

"Pido a mi Yo Superior", dices: "Pido al Yo Superior de (Y AQUÍ DICES TU NOMBRE). Aunque sean tus propios Registros, como la mente no distingue la verdad de la mentira, al nombrar tu nombre 97

como si fuera otra persona, no se identifica como tú mismo, por lo que se mantiene al margen. Al no decir la palabra MI y YO, la mente no te identifica por tu nombre.

Realmente funciona, es una muy buena manera de engañarla y recibir mucha más información.

Ficha Técnica 4
Apertura de los Registros Akashicos de Otros

Para la Lectura Akashica a otras personas, realizamos el mismo proceso, con la diferencia que pedimos protección para el consultante. El decreto es el siguiente:

"Yo (aquí dices por 3 veces tu Nombre, Apellidos y Fecha de Nacimiento)...., pido a Dios Yo Soy y a los Maestros Akashicos me permitan ingresar a la Gran Biblioteca Akashica bajo su guía y protección. Ante la Magna Presencia de Dios Yo Soy pido se coloque en círculo protector de Luz, Amor y Verdad en (aquí dices una vez el nombre, apellidos y fecha de nacimiento del consultante) y en mi. Pido al Yo Superior de ...(aquí dices 3 veces el Nombre, Apellidos y Fecha de Nacimiento del consultante), a tus Maestros y Guías me permitan ser un Canal Akashico de Luz para descodificar todas las memorias de tu Alma, para tu mayor bien y para el mayor bien de todos los involucrados, bajo la Gracia y de manera perfecta".

Toma una respiración profunda y di: "Tus Registros Akashicos están abiertos".

Ahora ya puedes leer los registros de la persona a la que se le ha abierto los registros.

Recuerda que si lo haces presencial, por teléfono o skype, debes tener un papel con sus datos personales apuntados y para apuntar cosas que sean importantes de remarcar. Y en caso de ser a distancia y por escrito, que te facilite sus datos personales y sus preguntas.

Antes de finalizar una lectura a otra persona, pregunta siempre si hay algún mensaje específico que su Alma o sus Guías deseen darle y luego haz un repaso de lo más importante que se le ha dicho, e invítale a realizar la oración del perdón y la revocación de votos para liberar aquello que se haya liberado.

Cuando termines la lectura, recuerda cerrar sus Registros Akashicos con la Oración de Cierre.

Ficha Técnica 5
Apertura de los Registros Akashicos de Otros Reinos

- Canalizando las memorias del Reino Vegetal, Animal y Mineral -

Para la Lectura Akashica de estos Tres Reinos, cabe remarcar varias cosas:

REINO VEGETAL

Las Almas que habitan dentro de la Naturaleza son los Devas y Elementales. Todos los árboles y plantas tienen su Deva o Elemental individual, por lo que al abrir y consultar sus Registros, es a él a quien pediremos el permiso.

REINO ANIMAL

Cuando lees el Registro Akashico de un animal, si tiene nombre puedes nombrarlo, si no tiene nombre, se dice el animal que es, por ej. "los Registros Akashicos de este gato".

Si es un animal de compañía y en su lectura te comenta problemas que pueda tener con sus dueños, es importante que se lo comentes a los mismos, pues ellos no saben hablar su lenguaje y no lo entienden muchas veces. Un ejemplo sería: un perro hace tiempo que no quiere comer, y al abrir sus registros, te dice que no le gusta la comida que le dan. Entonces díselo a sus dueños, y después de que le cambien la comida, que te digan cómo evoluciona el perro.

REINO MINERAL Y CRISTALINO

Con los Minerales y Cristales, sobre todo con los Cristales de cuarzo, ocurre lo mismo que con el reino vegetal: pueden contener dentro de sí elementales con mucha información para ti o para el consultante. Todos los Cristales tienen memorias kármicas que están esperando ser descodificadas. Por experiencia propia puedo asegurarte que tienen mucha información que puede serte útil a ti o para la humanidad o el planeta. Puedes cogerlos entre tus manos y pedirle el permiso desde el corazón.

El Decreto es el siguiente:

"Yo (aquí dices por 3 veces tu Nombre, Apellidos y Fecha de Nacimiento)...., pido a Dios Yo Soy y a los Maestros Akashicos me permitan ingresar a la Gran Biblioteca Akashica bajo su guía y protección. Pido al alma de este animal, elemental o deva de este árbol, planta, cristal, a sus Maestros y Guías me permitan ser un Canal Akashico de Luz para descodificar todas las memorias de su Alma, para el mayor bien de todos los involucrados, bajo la Gracia y de manera perfecta".

Toma una respiración profunda y di: "Sus Registros Akashicos están abiertos".

Ficha Técnica 6
Apertura de los Registros Akashicos de la Tierra

- Canalizando a través de Gaia y de las Ballenas - Decreto para abrir a través de GAIA es el siguiente:

"*Yo (aquí dices por 3 veces tu Nombre, Apellidos y Fecha de Nacimiento)...., pido a Dios Yo Soyo y a los Maestros Akashicos me permitan ingresar a la Gran Biblioteca Akashica bajo su guía y protección. Pido al espíritu de Gaia, a sus Maestros y Guías me permitan ser un Canal Akashico de Luz para descodificar todas las memorias de su Alma, para el mayor bien de todos los involucrados, bajo la Gracia y de manera perfecta*".

Toma una respiración profunda y di: "Sus Registros Akashicos están abiertos".

El Decreto para abrir a través de LAS BALLENAS es el siguiente:

"*Yo (aquí dices por 3 veces tu Nombre, Apellidos y Fecha de Nacimiento).., pido a Dios Yo Soy y a los Maestros Akashicos me permitan ingresar a la Gran Biblioteca Akashica bajo su guía y protección. Pido al espíritu colectivo de las ballenas, a sus Maestros y Guías me permitan ser un Canal Akashico de Luz para descodi-*

ficar todas las memorias de su Alma, para el mayor bien de todos los involucrados, bajo la Gracia y de manera perfecta".

Toma una respiración profunda y di: "Sus Registros Akashicos están abiertos".

Puedes acompañar la lectura akashica a través de las Ballenas, poniendo una música con el sonido de sus cantos armónicos, muchas veces unidos a los cantos armónicos de los Delfines.

Ficha Técnica 7
Apertura de los Registros Akashicos de la Humanidad

- Canalizando las memorias colectivas humanas -

Leer los Registros Akashicos de la humanidad nos puede ser muy útil para saber realmente la VERDAD que se nos ha ocultado por mucho tiempo. La recodificación de la vibración de la Tierra está cambiando, y con ella, toda la Humanidad. Este cambio facilita a la humanidad conectar con las memorias de lo que ya fue y se nos pone delante para que vuelva a ser, alineado en una frecuencia más alta.

Podrás investigar y saber los acontecimientos históricos y las falsificaciones contenidas en los libros de historia. Descubrirás un nuevo mundo que ya está a tu alcance y entenderás muchas más cosas que hasta ahora no se han puesto en tu camino. Redescubrirás nuestros orígenes, tal y como fueron realmente.

La Humanidad ha tenido muchas eras, y saber la Verdad sobre las mismas nos ayuda a Crear, como Dioses y Diosas que somos, el siguiente paso: ser Uno entre nosotros y con el Todo, e ir ascendiendo por la espiral de la evolución como seres humanos, cada vez con más grado de sabiduría, inteligencia y aprendizaje para culminar nuestra experiencia humana y poder trascender a medida que vamos avanzando, todas las energías de baja frecuencia y de más oscuridad ocultas en nosotros, como seres humanos para convertirnos en seres humanos ascendidos.

Esto significa que el aprendizaje a través de la humanidad nos ofrece la oportunidad de crecer en todos los aspectos para volver al origen como Seres Completos.

El Decreto es el siguiente:

"Yo (aquí dices por 3 veces tu Nombre, Apellidos y Fecha de Nacimiento)...., pido a Dios Yo Soy y a los Maestros Akashicos me permitan ingresar a la Gran Biblioteca Akashica bajo su guía y protección. Pido permiso para leer y descodificar las memorias de la humanidad, para el mayor bien de todos los involucrados, bajo la Gracia y de manera perfecta".

Toma una respiración profunda y di: "Los Registros Akashicos están abiertos".

Ficha Técnica 8
Apertura de los Registros Akashicos del Cosmos

- Canalizando las memorias del universo y el cosmos -

Todo el Universo y el Cosmos está interconectado entre sí por una gran red de Luz llamada la Red Cósmica Estelar. Podemos viajar a través de esta red a través del MANDALA DE LA FLOR DE LA VIDA (descrito en el capítulo I Llaves Akashicas).

Tener acceso a los Registros del Cosmos ampliará tu visión y conexión con la Fuente, con Dios. Comprenderás que todo aquello que ya pasó forma parte de ti, eres Uno con la Tierra y con el Universo.

Los diversos mundos, planetas y dimensiones, tienen, cada cual, sus Registros Akáshicos. Podrás sincronizar con el Registro Akáshico de cada mundo, no tan sólo el de la Tierra, sino también el de los planetas de nuestro sistema solar y las estrellas y constelaciones que forman nuestro universo y si deseas ir más allá, adentrarte en otras dimensiones y espacio-tiempo en el Cosmos.

El Decreto es el siguiente:

"Yo (aquí dices por 3 veces tu Nombre, Apellidos y Fecha de Nacimiento)...., pido a Dios Yo Soy y a los Maestros Akashicos me permitan ingresar a la Gran Biblioteca Akashica bajo su guía y protección. Pido permiso a los Señores del Cosmos para leer y descodificar los todas las memorias del Universo, para el mayor bien de todos los involucrados, bajo la Gracia y de manera perfecta".

Toma una respiración profunda y di: "Los Registros Akashicos están abiertos".

Cómo leer los Registros Akashicos del Cosmos utilizando el Mandala de la Flor de la Vida:

Abre los Registros Akashicos del Cosmos como está indicado en la página anterior. Una vez abiertos, Imagina este mandala en 3D alrededor de ti, en color dorado, formando una rejilla dorada que impregna todas y cada una de tus células, moléculas y electrones de tus cuerpos, activando todos tus sistemas: nervioso, circulatorio, cardiovascular, endocrino, digestivo, excretor, reproductor, respiratorio, muscular-articular, óseo, inmunológico.

Ahora imagina o visualiza como se expande cada vez más uniéndose a todas las rejillas o flores de la vida que existen en el universo. A través de la unión de estas rejillas y de la oración sagrada podrás acceder a la información del universo.

Dentro del universo y el cosmos existen millones de sistemas, planetas, soles, estrellas, constelaciones...que contienen una gran cantidad de información que puede ser útil para anclar en nosotros y en el planeta Tierra.

Como Canales Akashicos, podemos abrirlos Registros Akashicos del universo en general o de una parte de él, específicamente, por ejemplo, de nuestro Sol.

Para este tipo de apertura, el decreto es el mismo que para abrir los registros del universo, pero en vez de decir "los

Registros Akashicos del Universo y el Cosmos" sustituirás "el universo y el cosmos" por lo que desees abrir.

Por ejemplo, para abrir los Registros Akashicos del Sol, por en vez de decir "los Registros Akashicos del Universo y el Cosmos" dirás "Los Registros Akashicos del Sol".

Si es una constelación, por ejemplo la de Orión, dirás: "Los Registros Akashicos de Orión".

El proceso es el mismo para cualquier planeta o sistema estelar, así como para una dimensión determinada o espacio-tiempo determinado.

Ficha Técnica 9
Oración de Cierre de los Registros Akashicos

Al finalizar una Lectura Akashica, deberás cerrar siempre los Registros Akashicos.

Tenerlos cerrados no significa que no te llegue luego de la lectura, en cualquier momento, en cualquier lugar, información que hayas pedido a los mismos.

Cerrar los Registros Akashicos también nos asegura un buen sellado de las energías que hemos estado moviendo y de toda la información que hemos recibido.

El Decreto es el siguiente para todos los tipos de Registro:

"Bendigo y Agradezco toda la ayuda y la información recibida. Pido que los Registros Akashicos sean cerrados. Los Registros Akashicos están ahora cerrados. Así es, Así es, Así es".

Toma una respiración profunda y con la mano derecha, dar tres golpecitos con palma de la mano, en el chakra corona con la intención de cerrar el Tubo de Luz. Seguidamente dices: cierro, cierro, cierro. O amén, amén, amén. O bien decir namasté, namasté, namasté. O así es, así es, así es.

Ficha Técnica 10
Resumen del proceso de apertura, lectura y cierre de los Registros Akashicos

Este es un resumen explícito y concreto del proceso de apertura y lectura akashica:
1. Apertura del Tubo de Luz
2. Decreto de Protección
3. Apertura de los Registros Akashicos
4. Agradecimiento y Cierre

Ten siempre a mano papel y bolígrafo para apuntar todo aquello que te vaya viniendo.

Recuerda que lo que es dentro es fuera, por lo que muchas veces encontrarás las respuestas a tu alrededor, estando en el supermercado, conduciendo, en un libro, mirando un programa de televisión.. es importante que vivas el aquí y ahora lo más que puedas para no perderte ninguna señal.

¡Esto es un juego y hay que jugar! Pues vamos a ello con alegría!

RECURSOS

Recurso 1
Identificar y liberar los bloqueos energéticos

Identificar un bloqueo y sanarlo conlleva a una sanación profundamente efectiva, para ayudarnos a crear sin interferencias ni bloqueos el Ahora que uno desea.

Podemos identificarlos de muchas maneras, aquí expuestas algunas de ellas:

Técnica 1: La Lista

Haces una lista de todo aquello que reconoces que te está bloqueando a nivel físico, mental, emocional y espiritual.

Apuntas en una hoja de papel:

Patrones de comportamiento, aquello que haces, piensas, dices y sientes que sabes no va acorde contigo en este momento, personas (personas que te limitan o actuaciones de otras personas que están afectándote). Eso significa hacer una introspección dentro de uno mismo que te ayudará a identificar todos estos bloqueos.

Aunque reconozcas "cosas horribles" en ti, apúntalas igualmente, pues forman parte de tu ser.

Una vez identificados todos estos bloqueos, debes integrarlos en ti, no intentar eliminarlos, porque ellos son los que muchas veces te ayudan a avanzar y a reconocerte como lo que eres. Así que lo que harás es integrarlos.

El procedimiento es el siguiente:

Busca una música que sea activa, que tenga tambores, ritmo y vaya bien para mover el cuerpo, una música tribal es perfecta.

Siéntate en un cojín o en una esterilla en el suelo, cómodamente. Visualiza e imagina un punto delante de ti. Respira profundamente con el abdomen varias veces fijándote en el punto. Notarás que tus ojos pesan y los vas cerrando. Imagina ahora la lista que has escrito junto a este punto. Vas respirando profundamente, y a cada respiración vas integrando dentro de ti todo lo que has apuntado en la lista, cosa por cosa. Integrar significa aceptar.

Sigues respirando profundamente con el abdomen. Una vez has integrado con cada respiración cada uno de los bloqueos que has apuntado vas sintiendo como la música va reorganizando todos estos bloqueos que ahora están dentro de ti y empiezas a moverte.

Deja que todo esto se reorganice en tu interior y ves soltando todo a través del movimiento y la música. Baila. Baila hasta que todo esté integrado. Suéltate por completo, no importa el tiempo que necesites, lo importante es integrarlo.

Nota: pon la música en modo repetición para que cuando acabe vuelva a sonar. Se aconseja poner la música con el volumen alto.

Técnica 2: La Casa

Esta meditación guiada te ayudará a encontrar los bloqueos que están dentro de ti, pues la casa significa tú mismo.

La casa simboliza nuestro ser y nuestra personalidad. La fachada simboliza lo externo del soñador y el interior de la casa es la vida íntima. El comedor y la cocina representan los alimentos y la digestión. El dormitorio, el descanso y el sexo.

El cuarto de baño, la limpieza física y moral. Los pisos altos representan la cabeza y la mente. La bodega el subconsciente. Las puertas representan los accesos a nuestra alma. Una casa vieja y destartalada simboliza una anticuada condición de vida y de pensamiento. Un piso o un techo que se hunden simbolizan el derrumbamiento de los propios ideales y principios.

La casa, ya sea una sencilla cabaña, una imponente casa palaciega, o un piso grande o pequeño, siempre representa a la persona que sueña. Es la imagen de la personalidad y de la identidad de la persona. Si la casa es bonita, grande y señorial es síntoma de cierto valor personal para ti. Esto puede equilibrar o compensar un sentimiento inverso en la existencia real. Es una manera de restaurar la noción de la propia estima en el nivel adecuado. A la inversa, una casa minúscula, un poco descuidada o abandonada, indica la necesidad de ocuparse más de sí mismo.

La casa siempre representa un mensaje importante para la relación de la persona consigo misma, para el sentimiento que se tiene de la propia existencia y del propio valor personal. Vamos a descubrir esta casa, primero de modo general y luego habitación por habitación, pues cada estancia tiene su propio significado.

Te aconsejo que grabes esta meditación o que alguien te la lea mientras la vas haciendo, así no te pierdes ningún detalle, y pon atención a todo, cada detalle será importante a la hora de analizar. Cuando hayas terminado, apunta todo lo que has visto y vivido, lo más detallado posible.

MEDITACIÓN DE LA CASA:

Imagina que estás en un bosque, en medio de bellos árboles con sus enormes troncos, sus largas ramas, sus brillantes hojas verdes; el cielo es azul y hace un día precioso. Ves un camino lo suficientemente ancho para pasar. Decides andar por el camino a pesar de que no sabes dónde te llevará. Pero tienes la seguridad que es un camino que lleva a un sitio maravilloso. Empiezas a caminar y ves al lado del camino flores de colores. Te paras a olerlas pues son tan bonitas que no puedes remediar acercarte y tener un contacto con ellas. Las hay de diferentes colores tamaños. Unas te llaman más que las otras mientras sigues caminando tranquilamente por el camino.

Oyes el sonido de los pájaros cantando encima de los árboles.

Ves que voltean de aquí para allá, felices de ser quienes son. Y sigues caminando hasta que llegas a un claro.

En medio de éste, hay una casa. Te la miras con respeto, pues no sabes si está habitada o no. ¿Es nueva la casa, o por el contrario es vieja? PAUSA.

Sientes unas ganas horribles de entrar en ella, pues hay algo que te llama a hacerlo. Te acercas un poco más y ves que la puerta está abierta. Llamas, y al hacerlo la puerta se abre sola. Como no hay nada que te prive, entras en la casa.

¿Cómo es por dentro? Te lo miras todo. ¿Tiene ventanas? ¿Qué ves? Intenta mirar cómo es todo lo que hay, si es que hay algo... El comedor, la cocina, el aseo, las habitaciones... ¿hay escaleras? ¿Adónde te llevan? ¿Son grandes o pequeñas las habitaciones? ¿Hay muebles o está vacía? ¿Está limpia o sucia? Toma consciencia de todo aquello que existe a tu alrededor y si hay algo que te llama la atención, memorízalo.

Cuando ya la has visto toda por dentro, sales otra vez al claro. Ésta vez te la miras por fuera. ¿Te gusta la casa?

¿Hay que reformarla, pintarla o ves que está perfectamente en armonía con todo? Quédate con todos y cada uno de los detalles. Y cuando ya la hayas visto lo suficiente, te sientas un momento en un banco de piedra, madera, plástico... E intentas recordar todo lo que has visto de la casa. PAUSA.

Una vez memorizado, te diriges hacia el camino de vuelta, tranquilamente y sin prisas oyendo los pájaros cómo cantan, las flores cómo te dicen adiós...

Y de nuevo estás de regreso en el bosque, llegando al inicio del camino donde empezó tu viaje.

Respiras hondo y cuentas de 5 a 0 lentamente mientras vas cogiendo otra vez conciencia de tu cuerpo físico. Cuando sientas que ya estás otra vez consciente de tu cuerpo aquí y ahora, puedes abrir los ojos.

Ahora apunta todo aquello que viste en la casa: como está la casa por fuera y por dentro, pues representan los bloqueos a nivel físico que hay en la casa, pues representa los bloqueos a nivel mental quién está contigo y qué has sentido estando en esta casa, todas las emociones, pues representa los bloqueos a nivel emocional dónde se encuentra esta casa, pues representa los bloqueos a nivel espiritual.

El significado de las partes de la casa es el siguiente (a modo orientativo).

EL INTERIOR de la CASA

El interior de la casa ilustra nuestra vida interna y los diferentes elementos de nuestra personalidad. Un piso amplio representa una vida interior rica. Por el contrario, un estudio de pequeñas dimensiones simboliza una dimensión interna limitada en donde uno se puede sentir con falta de espacio o a veces hiperprotegido. Un interior armonioso y cuidado muestra un entendimiento con uno mismo, mientras que un hogar desordenado evoca una cierta falta de orden en nuestras ideas y en la forma de llevar nuestra propia existencia. Un piso o una casa vacía representan un sentimiento de soledad o una necesidad de limpieza interna para recomenzar de cero. Un interior lleno de muebles y de cachivaches simboliza un pasado muy cargado, que puede ser tanto positivo como negativo. Un interior que nos resulta extraño nos hace descubrir aspectos de nosotros mismos hasta entonces desconocidos. El ambiente de la casa es la imagen del propio humor interno, agradable, lúgubre, limpio o revuelto, acogedor o afligido, etc.

EL EXTERIOR de la CASA

El exterior de una casa representa nuestro propio aspecto exterior o al menos el sentimiento y la idea que tenemos del mismo. Es la apariencia que mostramos al mundo exterior y la manera con la que nos presentamos a los demás. Ilustra nuestro sentido de la sociabilidad y nuestras habilidades en ese terreno. Así, una casa con la fachada decorada con flores muestra una personalidad de trato fácil; una casa sombría y escondida detrás de árboles simboliza, por el contrario, dificultades relacionales. Una casa majestuosa, con muchas ventanas, representa una personalidad muy fuerte y muy abierta a los otros. Una casa alta y estrecha, con ventanas pequeñas es el signo de una personalidad exigente que escoge mucho sus relaciones y amistades. Cuantas más puertas y ventanas tenga la casa, más accesible a los demás es la persona interesada y mejor se comunica con el exterior. Por el contrario, cuanto más pequeños sean los vanos o menor su número, más se encierra la persona en ella misma y menos busca el contacto con los otros.

LA COCINA

La cocina es el espacio que está relacionado con la figura materna. Representa la relación psicológica que se tiene con todo lo que viene a significar la madre. Se trata del modo de nutrirse materialmente y de armarse moralmente. Es una estancia que encauza las nociones de cariño y amor. Así pues, una cocina agradable refleja una buena relación con las necesidades propias y un sentimiento de autoestima personal suficiente.

Mientras que una cocina sombría y fea simboliza una relación degradada respecto de las necesidades del propio cuerpo y de la propia alma., dificultades con la propia madre y para ser la persona misma madre en sí. La cocina es también el hogar del fuego transformador de los alimentos. Por ello representa todas las capacidades de auto transformación. Una cocina grande y ordenada permite un cambio en buenas condiciones. Una cocina pequeña e íntima ofrece una transformación de uno mismo al abrigo de la supervisión de otros. La ausencia de cocina simboliza una gran dificultad para transformarse y, por tanto, para evolucionar en la propia vida.

EL DORMITORIO

El cuarto de dormir es uno de los lugares de mayor intimidad dentro de la casa. Representa nuestra capacidad de recuperación interna y la calidad de las relaciones íntimas, afectivas y sexuales. El dormitorio simboliza la vida con la pareja. Una habitación grande y luminosa representa relaciones abiertas y sin reservas mentales respecto al otro. Una habitación oscura y muy decorada muestra una relación rica y compleja a la vez. Una habitación cuya puerta no se cierra simboliza dificultad en aislarse para encontrarse a sí mismo y para tener el tipo de relaciones que se desean con la pareja. Una habitación desordenada refleja un desorden en los sentimientos de cara a la relación afectivo-amorosa; se trata de la existencia de una confusión interna. Una habitación excesivamente pulcra muestra una rigidez demasiado grande en la vida sexual.

LA SALA, EL COMEDOR o el SALON

El comedor, la sala de estar, el salón, todas estas habitaciones representan el lugar para relacionarse con los otros miembros de la familia o con los amigos. Simbolizan la manera de comunicarnos con estas otras personas y la calidad de las relaciones existentes en una familia. Un salón grande y luminoso refleja un buen entendimiento familiar o amistoso, sin tapujos. Un salón pequeño y oscuro es síntoma de relaciones difíciles. Un salón muy alargado representa relaciones prolongadas en el tiempo, aunque sean intermitentes. El ambiente del salón es la imagen del ambiente familiar o del que se genera con los amigos. La estancia puede ser fría o calurosa, sofisticada o sencilla, natural o refinada, etc.

EL CUARTO DE BAÑO

El cuarto de baño es el lugar del agua, símbolo de los sentimientos y del inconsciente. Representa la relación con el propio cuerpo y, muy importante, con la sexualidad. También simboliza la capacidad de limpieza mental, es decir, de olvidarse de algunos acontecimientos y por tanto, de recuperarse. Un cuarto de baño confortable es signo de una buena relación consigo mismo y con los propios deseos sexuales. Un cuarto de baño muy pequeño refleja una vida sexual demasiado constreñida. Un cuarto de baño oscuro simboliza la dificultad para comprender las necesidades internas. Un cuarto de baño lleno de color y muy adornado es síntoma de placer. Un cuarto de baño cuya puerta no cierra representa la falta de intimidad necesaria para experimentar un verdadero renacer personal.

EL SERVICIO SANITARIO

Los aseos o los wc simbolizan el lugar de la liberación. Se trata de la capacidad para eliminar ciertos sentimientos o ideas negativas que estorban en el correcto fluir vital. Los aseos que no se cierran impiden toda evacuación y simbolizan la dificultad para pasar página o perdonar. Los aseos demasiados estrechos o demasiados grandes reflejan algún tipo de inadaptación para sentirse liberado de aspectos tormentosos del pasado. Ir al aseo es un acto positivo que nos alivia de ciertas historias del pasado que pesaban sobre nuestras vidas o sobre nuestro carácter. Siempre es un buen síntoma ir o estar en los servicios, aunque sea en público.

SÓTANO

El sótano representa el fondo más profundo de nuestra consciencia. Es el lugar en el que se abandonan ciertos aspectos de la vida. El sótano simboliza las zonas oscuras, lo que se ha dejado atrás y se ha olvidado, pero no del todo. Bajar a un sótano, a un trastero o a una bodega significa ir a descubrir en uno mismo aquellos aspectos olvidados y arrumbados a lo largo de la propia vida. Un sótano lleno de objetos es símbolo de la existencia de numerosos aspectos ahogados a lo largo de la vida y del riesgo de que reaparezcan. Un sótano siniestro significa que se tiene miedo de uno mismo, especialmente de algunos deseos particulares.

EL DESVÁN (parte más alta de la casa debajo del tejado)

El desván representa el lugar donde se alojan las ideas. Es todo lo que nos da vueltas a la cabeza pero que no hemos perfilado aún. Son ideas que existen, que están ahí en lo alto, pero que no han tomado consistencia. Por otra parte, el desván es aquel espacio del espíritu en donde se guardan los recuerdos. Subir a un desván puede reflejar cierta nostalgia. También es síntoma de cierta actividad mental, positiva o no. Que haya ruido en un desván significa que las ideas evolucionan a su antojo y a nuestras espaldas. Un desván lleno de objetos representa una cabeza demasiado llena y agotada. Un desván de aspecto confortable es símbolo de una capacidad intelectual positiva.

Técnica 3: El Fuego Violeta

Usando el Fuego Violeta transmutador se pueden disolver todos los bloqueos, siempre que sea para el mayor bien de todos los involucrados y según su plan divino. Si la persona aún no ha aprendido una lección, el Fuego Violeta transmutará aquello que al individuo ya no le sirva, por ejemplo, si una enfermedad aún le sirve a él o a las personas involucradas con él, esa enfermedad no desaparecerá, disolverá solo aquellas lecciones aprendidas que conllevan la enfermedad.

El custodio del Fuego Violeta es el Maestro Saint Germain. Esta custodia le fue concedida a través de Kwan Yin, quien fue la primera guardiana del Fuego Violeta hasta que transfirió este cometido al Maestro Saint Germain.

Cómo utilizar el Fuego Violeta:

Primero abre tus Registros Akashicos como se indica en este libro: primero el Tubo de Luz, luego el Decreto de Protección y la Apertura de tus Registros Akashicos.

Ahora Imagínate sentado delante de un fuego de color violeta. A tu lado y formando un círculo alrededor del fuego están: tu Ángel de la Guarda, tus Maestros, tus Guías y el Maestro Saint Germain.

Fíjate cómo es este fuego y deja que sus llamas se hagan grandes. Ahora imagina a tu alrededor todos los bloqueos que puedas tener en ti, sea en cualquier órgano, chakra o cuerpo energético. Estos bloqueos aparecen en forma de paquetes y se van situando alrededor de ti. Algunos los vas a ver grandes, otros más pequeños..., permítete que todos salgan y se sitúen a tu alrededor. Ahora puedes hacer dos cosas:

a) puedes mirar qué hay en cada paquete
b) puedes dejar cada paquete cerrado

La verdad es que lo importante de este trabajo es transmutar lo negativo que puedan llevar todos los paquetes que te esté afectando en tu Ahora.

Ahora coge un paquete entre tus manos, agradece por todo el aprendizaje que te ha dado y di que ya esto terminó y es hora de transmutarlo. Entonces lo echas al Fuego Violeta para que sea transmutado. Ahora coges otro paquete y haces lo mismo. Agradeces por el aprendizaje y lo echas al fuego. Así haces con todos los paquetes que tienes a tu alrededor.

Cuando se hayan quemado y transmutado todos, haces lo siguiente:

Tómate unos instantes para cada cosa que vas a ir transmutando.

Te imaginas levantándote y dirigiéndote dentro del Fuego Violeta. Te sitúas justo en el centro del fuego. Deja que se queme y transmute primero la ropa que llevas puesta. Deja que se queme toda. Ahora empieza a quemarse tu piel, deja que se queme. Luego tus músculos, tus tendones, tus venas, tus tejidos, tus órganos, tus células, tus huesos, todo se va quemando y transmutando con el Fuego Violeta. Como te dije, deja que se queme por completo. Cuando no quede nada de tu cuerpo físico, imagina tus 7 cuerpos energéticos quemándose también y transmutando todas y cada una de las energías negativas y densas que puedan tener.

Cuando veas y sientas que ya está todo quemado y transmutado, sales del fuego y agradeces a tus Maestros, Guías y a Saint Germain por acompañarte y guiarte en este trabajo.

Técnica 4: La Goma de Borrar

Las manos son nuestras herramientas más cercanas para poder sanar los bloqueos. Y con una herramienta tan práctica como una Goma de Borrar podemos eliminar cualquier bloqueo, incluso decretos, pensamientos y sobre todo palabras que nos salen a veces sin pensar en las consecuencias que conlleva el decirlas.

El procedimiento es el siguiente:

Con el Tubo de Luz abierto y conectado a tus Registros Akashicos, procede a visualizar el bloqueo delante de ti. Con tu mano dominante (con la que escribes), haz como si borraras el bloqueo, como si tuvieras una Goma de Borrar entre tus dedos y con la intención de borrarlo de todos tus cuerpos, haces el gesto de borrado.

Esta técnica también ayuda a borrar karma negativo que podamos tener, pero ¡CUIDADO! Únicamente puede utilizarse esta técnica con uno mismo. Nunca se lo vayas a hacer a otra persona. Antes es preferible que le expliques cómo hacer el proceso y que sea la misma persona que se borre lo suyo.

De igual forma hay que poner atención a lo que borramos, pues si nos puede ser aún de utilidad, quizás será bueno dejarlo hasta que ya no nos sea necesario.

Recurso 2
Viajar en el espacio-tiempo a través de la Flor de la Vida

Como hemos podido ver antes, la Flor de la Vida es el mandala que nos permite acceder a los diferentes planos de existencias y espacio-tiempo.

Este mandala de conexión akashica se utiliza de la siguiente manera:

Abre los Registros Akashicos del universe cómo se indica en este libro. Una vez abiertos, imagina este mandala en 3D alrededor de ti, en color dorado, formando una rejilla dorada que impregna todas y cada una de tus células, moléculas y electrones de todos tus cuerpos, activando todos tus sistemas: nervioso, circulatorio, cardiovascular, endocrino, digestivo, excretor, reproductor, respiratorio, muscular- articular, óseo, inmunológico.

Ahora imagina o visualiza cómo se expande cada vez más uniéndose a todas las rejillas o flores de la vida que existen en el universo, empezando por la de cada uno de los seres humanos y la rejilla del planeta. Luego avanza uniendo todas las rejillas con las de los planetas, el sistema solar, etc. A través de la unión de estas rejillas y de la oración sagrada podrás acceder a la información del universo y podrás conectar también con seres de otros planetas, galaxias y dimensiones.

Cuando recibas información, pregunta siempre por 3 veces de dónde proviene la información, así te aseguras la veracidad de la misma.

Recurso 3
Corte de Lazos Karmicos

Los Lazos Karmicos son hilos de luz que nos atan a personas o situaciones que afectan a nuestra vida actual. Estos lazos pueden entorpecer nuestro crecimiento álmico y como ser humano, y es importante cortar con ellos para poder vivir plenamente con la propia energía al 100%.

Estos lazos karmicos pueden estar relacionados con otras personas o patrones energéticos.

Si se trata de cortar lazos con una persona, siempre conectaremos con su alma para explicarle lo que vamos a hacer. Y lo haremos a nivel álmico, de alma a alma. Esto se hace de la siguiente manera:

Imagina delante de ti a la persona con la que deseas romper y cortar los lazos karmicos. Ahora de tu corazón sale un hilo de luz que se une al corazón de esta persona. A través del hilo de luz, y con el amor de tu corazón, le explicas que vas a romper todos los lazos karmicos que puedan haber entre tú y esta persona.

Utilizaremos el símbolo del infinito para cortar todos los lazos.

Deberás estar relajado y no tener prisa para poder hacer el proceso.

Visualiza el símbolo del infinito en tu mente, y proyéctalo delante de ti. Verás los dos círculos de la figura del infinito.

Ahora entra en uno de ellos e invita a la otra persona a entrar en el otro círculo. Abre tu Tubo de Luz y tus Registros Akashicos. Una vez abiertos, dile a esta persona que vas a liberar todo lo que os ata a los dos, para que cada uno pueda seguir de forma individual y libre su propia vida. Ahora visualiza todos los lazos que pueda haber entre tú y la otra persona. Puedes verlos como hilos, cordones...confía en la primera imagen que te venga, pues es la correcta para ti. Estos cordones, lazos. pueden salir desde cualquier parte del cuerpo.

Una vez visualizados todos estos cordones que os atan, vas a cortarlos uno por uno.

Imagina que en tus manos tienes un objeto cortante (pueden ser unas tijeras, un cuchillo, una espada, lo que tu desees imaginar).

Empiezas con el primer cordón y con un gesto con la mano, lo cortas diciendo: "yo me libero, yo te libero" (hazlo las veces que creas necesario) y cuando ya sientes que se cortó por completo, procedes a arrancar de tu cuerpo las raíces que puedan haber quedado de este cordón (para arrancarlas, lo haces con un gesto como si arrancaras una cebolla del suelo), desde allí donde sientes que ese cordón tiene su origen en tu cuerpo. Visualiza un fuego violeta a tu lado y echa estas raíces al fuego para que se transmuten y se liberen.

Una vez cortado y arrancadas las raíces por ambas partes, visualiza que tus manos se llenan de luz dorada y las pones allí donde ha quedado la herida del cordón arrancado, cerrando y sellando la herida. Haces lo mismo con la herida de a otra persona.

Las raíces se arrancan y se echan al fuego violeta para evitar que vuelvan a unirse y recolocarse con el patrón que había.

Luego prosigues con el siguiente cordón y así hasta que los has cortado y sanado todos.

Al finalizar, agradece a la otra persona la oportunidad de todos los aprendizajes que ha conllevado tener estos lazos karmicos. Agradécele también el hecho de que acaban de separarse. Pide perdón si alguna vez le heriste y perdónale por cualquier cosa o situación que esta persona haya podido causar en ti. El perdón es muy importante trabajarlo al finalizar el corte de lazos karmicos.

Una vez terminado, pídele a la persona que cuando se sienta preparada, abandone el círculo donde se encuentra.

Una vez lo haya abandonado (tu aún estás dentro del círculo), imagina que te sacas toda la ropa que llevas y la quemas en el fuego violeta, en representación de todo lo viejo y caduco que ya no existe. Una vez hecho esto, visualízate bajo una cascada, o en el mar, bañándote, eliminando y limpiando todos estos patrones que tenías. Cuando sientas que ya estás, sales del agua y te vistes con una túnica o ropa blanca.

Para finalizar, agradece a tu Yo Superior todo este trabajo y regresa a tu conciencia del cuerpo físico.

Recurso 4
Liberación de Memorias Karmicas

Liberar memorias karmicas aligera el proceso de ascensión. Siempre se nos ha dicho que todos tenemos nuestra propia mochila. Esta mochila está llena de memorias impactantes, momentos vividos que no han sido agradables, piedras grandes que nos hemos encontrado en el camino, incluso cargamos con cosas que no nos perteneces, que son de otras personas, pero por el motivo que sea, las llevamos en nuestra mochila.

Liberar nuestra mochila nos permitirá caminar mucho más ágiles y sin impedimentos.

Este recurso es una de las maneras que existen de liberar estas memorias karmicas que traemos con nosotros de otras existencias o que hemos acumulado en esta existencia actual.

Meditación guiada:

Imagina o visualiza que estás sentado al lado de un fuego de color violeta. Ves como las llamas de este fuego están completamente vivas, son grandes, perfectas. Ahora miras a tu alrededor y ves una mochila; tu mochila. La abres y empiezas a sacar paquetes (como si fueran de regalo), de diferentes tamaños. Sacas todos ellos de la mochila. Ésta debe quedar vacía.

Cada uno de estos paquetes son memorias karmicas que están listas para ser liberadas, ya no te sirven como aprendizaje en tu existencia actual. También pueden ser aspectos de tu personalidad o cosas de las cuales deseas liberarte. En realidad da igual lo que contenga cada paquete; lo importante es liberarlo y transmutarlo.

Ahora coges el primer paquete, lo contienes entre tus manos y le das las gracias por el aprendizaje que te ha dado. Y una vez hecho esto, lo echas al fuego violeta. Mira cómo se quema, y al hacerlo, se van liberando todo aquello que contiene. Coges otro paquete entre tus manos, das las gracias por el aprendizaje obtenido con lo que contiene y lo echas al fuego violeta. Y así vas haciendo con cada paquete.

Todos y cada uno de ellos serán quemados en la hoguera violeta de la transmutación. Todas las memorias karmicas contenidas en cada uno de estos paquetes serán transmutadas.

Cuando se hayan quemado todos ellos, te levantas y te sitúas en el centro de la hoguera de fuego violeta. Y visualizas cómo va quemándose tu ropa..., ahora se quema tu cabello, tu pelo..., ahora se quema tu piel., ahora tus músculos, tendones, cartílagos, venas., ahora se queman tus órganos., ahora tus células., tus hueso, todo tu cuerpo físico es quemado por el fuego violeta y al hacerlo, se liberan todas las memorias karmicas contenidas en cada parte de tu cuerpo físico.

Una vez se te ha quemado tu cuerpo físico por completo, empiezan a quemarse todos tus cuerpos energéticos, llenándose de fuego violeta y liberando, limpiando y transmutando todas las memorias karmicas negativas que contienen.

Deja quemarte por completo. Una vez sientas que has terminado, das las gracias y sales del fuego, te pones una túnica blanca y te sientas. Respira de forma consciente durante un rato, imaginando que, con cada respiración, entra toda la luz del alma codificada en las más altas frecuencias de Luz. Llénate de Luz, todo tu cuerpo repleto de Luz.

Cuando sientas que has terminado, vuelve a ser consciente de tu cuerpo físico renovado y recodificado.

Recurso 5
Viajando al Pasado y al Futuro

Para acceder a un momento determinado del pasado o del futuro, lo puedes hacer como te indico y te animo a que crees tus propios decretos y vayas experimentando a través de la práctica si así lo sientes.

Abre tus Registros Akashicos con el Proceso Completo descrito anteriormente. Cuando los tengas abiertos, dices:

"Pido a mi Yo Multidimensional que se encuentra ahora mismo en el punto exacto del tiempo XXXXXXX (aquí dices el punto con el que deseas conectar) para tener toda la información existente y traerla al ahora en esta realidad".

Por ejemplo: si hace tiempo que vienes repitiendo un patrón determinado de conducta del cual no has podido liberarte, puedes acceder al momento exacto de la existencia en la que se originó para traerlo a través de la conciencia hasta el ahora para sanarlo y liberarlo.

El decreto podría ser así:

"Pido a mi Yo Multidimensional que se encuentra ahora mismo en el punto exacto en que se originó el patrón de conducta XXXX (aquí dices el patrón, por ej. miedo a volar).

EN EL TALLER ONLINE SE MUESTRAN OTRAS FORMAS DE VIAJAR AL PASADO Y AL FUTURO.

Si te interesa aprenderlas, no dudes en contactar conmigo y lanzarte en el maravilloso viaje de amor y luz hacia el corazón de tu alma a través de SARAH.

que me proporcione toda la información existente y pueda yo traerla al ahora en esta realidad en la que me encuentro".

Puedes también tener un problema actual que no sabes cómo resolver. Entonces puedes acceder e ir a tu Yo Futuro que lo ha solucionado para que te diga cómo lo ha hecho.

El decreto podría ser así:

"Pido a mi Yo Multidimensional que se encuentra ahora mismo en el punto exacto donde ya ha solucionado el problema XXXX (aquí dices problema) para que me diga qué tengo que hacer para solucionarlo ahora en esta realidad en la que me encuentro ".

Recuerda que existen miles de futuros probables, por lo que es importante concretar la solución del problema que deseamos resolver.

También puedes acceder a todas las probabilidades futuras de un acontecimiento para escoger el mejor camino para tu evolución en este momento.

El decreto podría ser así:

"Pido a mi Yo Multidimensional que se encuentra ahora mismo en todas las probabilidades existentes mejores para mí ahora, que me muestre todos los caminos para llegar a la resolución de XXXX (aquí dices lo que deseas conseguir)".

Recurso 6
Agua de Luz Akashica

Agua de Luz Akashica es la nueva codificación para el ser humano y para Gaia, nuestro planeta, a través del Agua. El agua es el principal e imprescindible componente del cuerpo humano. El cuerpo humano tiene un 75% de agua al nacer y en la edad adulta, sobre el 60%, repartido básicamente en nuestras células, la sangre y los tejidos.

También el agua ocupa, como en el ser humano, el 60% de la totalidad de la superficie del planeta, de Gaia.

En relación al planeta, las aguas son los sentimientos de Gaia." Los ríos son sus lágrimas, de amor, de dolor, de alegría y de pena. Las aguas bravas se llevan los problemas, los deshacen. Los lagos mantienen la calma interior. Los mares, con el vaivén de las olas marcan los estados anímicos de Gaia. Allí donde hay calma reina la calma interior de Gaia. Allí donde las aguas son bravías, se acumulan los bloqueos de Gaia. Los ríos contaminados envenenan a Gaia. Hay que dar luz a estos ríos, o volcar agua recodificada con las energías del Akasha". (mensaje canalizado el 9 de agosto de 2010 a través de Aleph, sumo sacerdote de Gaia).

Así como es en el cuerpo de Gaia, es en nuestro propio cuerpo. El agua representa nuestros sentimientos.

Los órganos mantienen el buen funcionamiento del cuerpo, y están rodeados de agua.

Esta agua codificada con las energías Akashicas es la llamada Agua de Luz Akashica.

¿Cómo preparar Agua de Luz Akashica?

Dependiendo de qué tipo de codificación quieras darle al agua, dices un nombre u otro, por ejemplo, si deseas codificarla en la energía akashica de Gaia, nombrarás a Gaia en el proceso de activación y codificación del agua. Si es con la energía de tu propio registro akashico, dirás Mi Registro Akashico, etc.

Primero deberás abrir los Registros Akashicos, bien sean los de Gaia o los tuyos, y una vez abiertos, coge una botella, si puede ser de cristal oscuro (marrón o lila) mucho mejor, y llénala de agua de manantial o bien agua embotellada. Ahora sitúa la botella entre tus manos, (sin tapón) y dices el siguiente decreto para cargar y codificar el agua con la energía de los Registros Akashicos.

Decreto:

"Por el Poder Interno Yo Soy en Mi, en armonía con el Universo, bajo la Gracia y de manera Perfecta, desciende un rayo de luz desde el mismo corazón de ... (Espíritu de Gaia) ó .... (de mi Espíritu), conteniendo toda la energía cualificada en las más altas frecuencias de amor y luz de Su (para Gaia) ó Mi (para el propio) Registro Akashico. Esta agua está ahora codificada en estas sagradas energías. Así Es".

Recurso 7
Co-Creación Akashica

En este recurso voy a compartir contigo cómo co-crear desde los Registros Akashicos. Esto nos va a permitir forjar el llamado "destino" según nuestras necesidades, pues recuerda que somos creadores de nuestra propia realidad.

El procedimiento es el siguiente: Abres tus Registros Akashicos y visualizas delante de ti el libro que pertenece a tu existencia actual. Abres el libro por una página que está en blanco. Visualizas aquello que deseas materializar y lo escribes con una pluma de luz en la página en blanco de tu libro. Una vez hayas terminado se lo entregas a tu guía para que lo guarde en su lugar correspondiente. Te quedas con una copia de lo que has creado. Lo puedes tener por escrito todo detallado.

Ahora visualizas la copia en tus manos y la envuelves en una esfera dorada y la guardas en tu corazón (como si fuera tu bolsillo). Al cerrar tus Registros Akashicos lee lo que has escrito, seguro y confiado que esto ya está en marcha para ti y se va a materializar en cualquier momento. Solo es cuestión de dejar que llegue, no importa cómo, ni cuando, sino que llegue.

Por ejemplo, un ejercicio para crear la materialización de la obtención de una propiedad.

Ves una caja fuerte, tienes la llave, abres esta caja. Dentro hay una escritura. Lees que dice. POR EL PRESENTE ACUERDO, ESTA ESCRITURA DE PROPIEDAD OTORGA A .... (aquí pones tu nombre), como propietaria de la propiedad situada en la calle XXX del pueblo/ciudad XXX, del país XXX. Esta propiedad consta de jardines y una casa con 5 habitaciones.

Ahora delante de ti hay otra caja fuerte. Dentro hay una manzana, una llave dorada y un maletín repleto de dinero.

Preguntas: ¿cómo bajo todo esto para su materialización?

El proceso de materialización está basado en la ley del orden interno y consta de 4 pasos, y son los siguientes:

1. El primer paso es Saber que Existe
2. El segundo paso es Aceptarlo.
3. El tercer paso es Visualizar que todo baja por el ascensor (el ascensor es el mismo que se utiliza para la meditación para la iniciación) hasta el corazón y llevarlo contigo conscientemente.
4. El cuarto paso es dejar que el Universo y los Guías trabajen para traernos aquello que hemos creado. Cuanto más dejemos de querer controlar el proceso más rápida será su manifestación.

LA INICIACIÓN

Para poder tomar tu Sintonización de Iniciación, entra en: https://annaramon.com/formulario-iniciacion.

A la hora de tomarla e integrarla, busca un lugar donde puedas estar relajado durante una media hora, que es lo que dura la iniciación y los ajustes. Intenta que nadie te moleste durante este tiempo.

Antes de tomar tu iniciación, toma una ducha o un baño y no tengas prisa. Túmbate en un sofá o cama y relájate, toma unas cuantas respiraciones para calmar tu ser y tomar contacto contigo mismo. Cuando sientas que ya estás relajado, abre tu Tubo de Luz y dices el decreto de protección que más se adecue a ti según lo escrito en las fichas 1 y 2. Luego di lo siguiente:

"En el nombre del Dios/Diosa que Yo Soy, solicito a mi Yo Superior, a los Maestros del Registro Akashico y al Yo multidimensional de Anna Ramon Pinto, realicen en mí las activaciones y la Iniciación para Activar mi Canal de Luz Akashico. Gracias porque así es."

Durante la iniciación puede ser que tengas experiencias increíbles nunca antes vividas, o puede ser que no notes nada, pero esto no significa que la iniciación no se haya llevado a cabo, todo lo contrario, siempre se ejecuta con éxito pues la orden está dada y ejecutada.

Mi Yo Multidimensional que está en los Registros Akashicos esperándote para tu iniciación pondrá las llaves de activación y los Maestros Akashicos realizarán todos los ajustes frecuenciales en ti.

Cuando hayas terminado la meditación, estarás totalmente activado y conectado, todos los diferenciales akashicos estarán "hacia arriba" en función "ON". Agradece por esta apertura y bendición.

Nota: una iniciación no tiene reversión, lo que significa que una vez está realizada no se puede deshacer, es PARA TODA LA VIDA.

La Meditación para recibir la Iniciación y ser activado como Canal Akashico y convertirte en Lector de Registros Akashicos Sistema Annamorah, hace mucho tiempo que la estoy utilizando, pues es la que se me mostró para acceder a la sala de iniciación de los Registros Akashicos y es la única válida para este sistema.

Anteriormente ya te he comentado que los Maestros, sin yo ser consciente en aquel momento, me activaron para luego poder activar yo a los demás. Pero el proceso de iniciación ha ido más allá de lo que yo misma podía imaginar. Para que todas las personas que estáis leyendo este libro podáis ser activados, los Maestros del Registro Akashico mi humilde persona, con la supervisión del Consejo Kármico, hemos realizado una Ceremonia Sagrada en la Sala de Iniciación del Templo del Registro Akashico, en la cual se han depositado todas las llaves que se precisan para activarte, y serán los mismos Maestros los que van a iniciarte. Yo únicamente soy la barquera que te une a ti con los Maestros, y el puente es ahora mismo, este libro que estás leyendo. Si deseas ser iniciado, solamente debes pedirme la meditación guiada en mp3, realizarla e integrarla en tu Ser.

Antes de proceder a realizar la Iniciación (la meditación en mp3), primero debes activar la Llama Trina que mora en tu corazón. Se recomienda realizarla justo antes del momento de escuchar el mp3.

ACTIVACIÓN DE LA LLAMA TRINA DEL CORAZÓN

La LLAMA TRINA, cómo hemos comentado al principio de este libro, es el Amor, la Sabiduría y el Poder divinos que moran dentro de cada uno de nosotros. Nuestra Alma cuando encarna envía una porción de sí misma dentro del cuerpo físico al nacer, compuesta de estas tres cualidades divinas. Nosotros tenemos la Llama Trina en nuestro corazón, en la llamada cámara secreta del corazón.

Cuando esta llama, que está flameante siempre, no está activada, podríamos decir que la persona está "dormida espiritualmente". Para activarla existe un proceso sencillo para que empiece a crecer y a expandirse por todo tu ser, impregnándolo de estas tres cualidades divinas, siendo estas cualidades desarrolladas aquí en la Tierra.

Antes de tomar tu iniciación, es importante que actives la llama trina en tu corazón (es una manera de reconocer quién eres).

El proceso es el siguiente:

Ponte lo más cómodo posible... cierra los ojos y centra la atención en la respiración, en como el aire entra y sale por la nariz, respirando de forma natural, siguiendo el compás y los latidos de tu corazón.

Ahora pon atención a tu corazón. A cada inspiración y expiración, vas a ir sintiendo que una luz sale del corazón e ilumina todo tu cuerpo físico por dentro.

Cada órgano, célula y átomo se transforma en una luz que a su vez irradia luz. Cuando todo por dentro se vuelve luz, vas sintiendo como ésta luz va saliendo por los poros de la piel hacia fuera, y sigue creciendo, creando un aura de luz que sigue expandiéndose más y más. Ahora imagina que te vuelves un ser muy pequeñito y entras dentro de tu cuerpo físico dirigiéndote hacia tu corazón, y cuando ya estés en él, ves en el centro del corazón una puerta. Esta puerta es la puerta de la cámara secreta del corazón. La abres y entras. Puedes ver en el centro de la cámara, tres llamas de luz unidas y entrelazadas entre sí. Es la Llama Trina de tu corazón, la chispa divina que eres, la porción de tu Alma que está encarnada. La Llama Trina por un lado tiene una llama de color azul, que representa el Poder Divino, en el centro una llama dorada que representa la Sabiduría Divina y en el otro lado una llama rosada que representa el Amor Divino. Te sitúas en el centro de estas tres llamas e imagina que estas tres llamas van creciendo desde tus pies hasta tu cabeza y comienzan a expandirse hacia arriba. Ves como la luz azul brillante crece inundándote de la energía de poder, de fe.

Ves como la luz dorada brillante crece inundándote de la energía de sabiduría, de iluminación, claridad mental, apertura, inundando tu cerebro, lo ves luminoso... expandiendo esta energía hasta el cuerpo emocional, sanando y equilibrando. Ves ahora la luz rosada en tu corazón como crece y se expande, abriéndote a la energía del amor hacia ti mismo, hacia todo lo que te envuelve. Dejas que esta energía se expanda... hasta la última capa de tu aura, llenando todos tus cuerpos de luz azul, dorada y rosa.

Vas hacer crecer tu llama Trina hacia abajo hasta llegar al centro del planeta, donde se potencia al unirse al corazón del planeta y vuelve hacia ti con mucha más fuerza, creciendo hacia arriba, traspasando todo tu cuerpo, llegando hasta al centro del sol, en donde se potencia en esa unión, volviendo nuevamente hacia ti multiplicada en energía solar. En este momento, estás unido al Sol y a la Tierra, unido a través de tu Llama Trina.

Ahora vuelves a poner atención a tu corazón, donde está ubicada la Llama Trina, y estando en ella dejas que sus dulces llamas te envuelvan y empiecen a formar un remolino entre ellas, girando a gran velocidad. Al hacerlo, los tres colores de la llama trina se fusionan entre sí creando el color violeta. El remolino sigue girando cada vez más y más fuerte y te ves envuelto por una llama violeta transmutadora, que te limpia y te sana de todo aquello que está mal cualificado, todo lo que está faltado de amor, tu karma personal, tu karma ancestral, sea de esta vida, de otras vidas o de cualquier momento de tu existencia.

Dejas que la llama violeta te inunde por completo, despojándote de todo lo negativo y dañino para ti. Entrega a la llama violeta aquello que ya no deseas, lo que sientes que ya no debe formar parte de tu vida. Pueden ser sentimientos, pensamientos, acciones, personas, situaciones, trabajos...

Deja que todo se transmute en esta llama.

Cuando así lo sientas, puedes ir visualizando la llama violeta ralentizando su giro, transformándose otra vez en la Llama Trina.

Ahora que has limpiado tu templo, puedes ver en esta cámara un trono. Dirígete hacia él, observa bien cómo es. Ahora siéntate en él. Observa qué sientes estando sentado en este trono. Es tu trono, el lugar que debes ocupar por derecho divino. Ahora en tu cabeza se te pone una corona. Fíjate cómo es esta corona. Ella te reconoce como lo que eres: Rey o Reina de tu Reino, tu Vida, tu Ser. Imagina también que en tus hombros reposa una suave capa y que en tu mano tienes un cetro, tu cetro de poder, que es el que te ayuda a dirigir tu vida.

Es importante que visualices todo esto para reconocerte como lo que eres: Pura Luz Divina y Poderosa, Creadora del Cielo y de la Tierra, de tu propia Creación. Tómate el tiempo que precises para sentir todo esto dentro de ti y pon atención a todo lo que ocurre durante el proceso.

Ahora que ya has activado la Llama Trina en tu corazón, ya estás preparado para recibir la Sintonización de Iniciación a través de la meditación en mp3, recuerda entrar aquí para recibirla: https://annaramon.com/formulario-iniciacion/

Testimonios y Experiencias

ISABEL ARAGON ROCA,
Máster del Sistema Annamorah
Si me preguntasen sobre que opino de Anna, diría es una trabajadora incansable, comprometida, generosa, honesta y profesional. Estos atributos se los ha ganado y se los gana en el día a día.

Con ella no vas a tener sorpresa, porque sabes que si presenta algún trabajo va a tener estos valores. Cuando me comentó si quería colaborar con mi opinión sobre los archivos, dije "Enseguida", aunque iba con trajines personales y se lo he enviado más tarde de lo que me hubiera gustado.

Si tengo que decir algo sobre los Archivos Akashicos, como instructora y lectora del Sistema de Anna es que gracias a la información recibida de los Registros Akashicos Sistema Annamorah©

He canalizado junto a Anna Ramon el Taller del Péndulo Hebreo. De cómo quedó estamos satisfechas. Yo me baso en resultados y en el día a día, su práctica, me confirma su eficacia. He canalizado junto a Carmen Carrera los Manuales de Reiki Egipcio. Tengo que decir que lo hicimos porque no sentíamos que había que completarlo.

He canalizado distintos escritos y canalizaciones, personales y para ayudar a otras personas. Yo sola he canalizado, el Taller de Numerología.

¿Qué tiene de diferente? Que es práctico, sencillo, protegido y directo. Para utilizarlo en el día a día. Con una alta vibración.

Probablemente ya habrás hecho algunas incursiones en el mundo espiritual.

Este sistema te afianza en tu evolución. Sin olvidar que se trata de un refuerzo, que nos acompaña en nuestro camino como guía, nuestros ángeles, maestros y seres queridos, están ahí para ayudarnos, pero tenemos que pedirles ayuda.

Gracias Anna, amiga, maestra guerrera de Miguel, por habernos encontrado en el camino.

CARMEN SALES RAMÍREZ,
Máster del Sistema Annamorah

Siempre digo que las casualidades no existen, yo le llamo sincronismos. Ya hacia unos años que me interesaba por los RA, pero no encontraba quien pudiera ser mi maestra en el año 2013 me aconsejaron una buena maestra que me hizo una lectura y le pedí que me enseñara. El caso es que yo hice los niveles pero cuando iba a hacer la maestría empezaron a surgir delante de mí e-mails, publicidad, notificaciones de facebook y de repente me vi en vuelta en la búsqueda de una maestra que vibrara con mi misma frecuencia, llegue a la web de Annamorah y solicité información. Esa misma tarde estaba hablando con Ana y de esa conversación, surgió la necesidad de empezar con su sistema. Realmente debo decir que no tiene nada que ver con el sistema anterior, si en cuanto a estructura pero no en cuanto a contenidos, ayuda acompañamiento, asesoramiento, grupo.

Descubrir a Ana abrió en mi un canal más potente. Lo que desprendo después de haber realizado el curso es haber descubierto a otra familia con la que compartir mis mayores deseos, que te apoyan y te comprenden porque vibramos en la misma frecuencia.

No dejes para mañana lo que puedas consultar hoy con el Sistema Annamorah.

GEMA MORALES LÓPEZ,
Máster del Sistema Annamorah

El libro de Registros Akáshicos de Anna Ramón Pinto me llegó como caído del cielo, y en unos días me lo leí por completo, ya que Anna hace que lo difícil sea fácil de entender. En cuestión de días no me lo pensé dos veces y decidí hacer el curso de Lectora de Registros Akáshicos con ella. Todo esto porque yo andaba buscando algo, no sabía muy bien el qué… sólo sé que yo sentía que dentro de mí había una gran fuerza que estaba sin administrar ni dirigir.

Me dejé llevar por lo que mi corazón me pedía, el dinero de la formación se puso en mi mano sin esfuerzo y todo se puso a mi favor en cuanto empecé el curso. En ese momento todo cobró un nuevo sentido para mí, estaba experimentando como mi canal se ampliaba y recibía mucha información. ¡Hasta que no pruebas no te imaginas de lo que puedes ser capaz!

No me podía creer que toda mi existencia empezara a cuadrar, que yo estaba encontrando el lugar que me correspondía y ¡que mi profesión era ésa!, y así me fue confirmado, cuando un solo día después de recibir el Diploma que me certificaba como Lectora de Registros Akáshicos, recibí mi primera cliente que insistió en realizar la aportación económica que yo estimase.

La diferencia con otros cursos radica en que se realizan muchísimas prácticas que te ayudan a soltarte, entrenar la neutralidad necesaria y confiar en la información que recibes, siempre desde el trato cercano, la sencillez y la humildad de Anna.

Es completamente cierto que "CUANDO TE CONCEDES LO QUE TE MERECES, OBTIENES LO QUE NECESITAS" y así fue en mi caso.

Todos los días doy gracias por comprar este fabuloso libro, hacer el curso de Lectores y encontrar mi sitio en el mundo a través del Sistema Annamorah, que con su vibración elevada, amorosa y llena de luz, me ha impulsado considerablemente a reconocer y manifestar mi condición de canal.

Gracias amada Anna por hacer realidad este sistema y extenderlo por toda la Tierra, eternamente agradecida y apasionada con esta labor.

MONTSERRAT VILADRICH CANAL,
Máster del Sistema Annamorah
Hablando de cursos de formación como terapeuta del alma, el de Lector de Registros Akáshicos Sistema Annamorah© «es lo mejor que he hecho, disfrutado y me ha hecho crecer espiritualmente. Conectar con la potencia los registros y saber todo lo que quieres y necesitas conocer de ti ya es un hecho insólito y maravilloso, es un hecho casi mágico.

Poder hacer de canal de luz y leer los registros de los demás cuando te piden sabiendo que así también los ayudas para que lo necesitan, te hace enaltecer como persona anímica y espiritualmente, y me confirma quién soy, el don que tengo y lo que puedo hacer en esta vida. Sentirme tan útil y afortunada pudiendo ser un buen CANAL de transmisión por la Humanidad y el Universo ayudando así a todo tipo de almas en diferentes estados para mí sólo tiene una palabra: MARAVILLOSO!

Y ya no digamos la experiencia que ha sido para mí poder leer registros los astros, planetas, animales, plantas, piedras, estrellas..., te hacen descubrir la grandeza y la riqueza que forma nuestro Universo, Nuestra Galaxia, te das cuenta que no sabemos nada y que todo el conocimiento está allí guardado y es el más importante y sabio.

Los registros son donde se guarda la «biblia» de mi alma, su vida desde la primera encarnación hasta la fecha y el camino que aún queda por hacer ... Los registros hablan de la larga vida y experiencias de mi alma en su evolución, del camino que está recorriendo y de todos los saberes y conocimientos que la forman.

Este curso me ha aportado tanto en mi crecimiento y formación espiritual que todos debería hacer, debería ser asignatura obligada en las escuelas si realmente queremos que la Humanidad mejore, adelante y pueda cambiar de dimensión, tal como se requiere. El planeta está muy necesitado de luz, de vibrar en las altas frecuencias, ayudar por superadas las bajas frecuencias de la tercera dimensión y avanzar en este crecimiento universal y espiritual.

Este curso te encamina hacia aquí y hacia el Saber de las altas vibraciones, y te invita a superar y está por encima de las bajas frecuencias, viendo que no tienen ninguna importancia para el alma y el espíritu y que no nos tenemos que identificar con ellas sino por dictados de nuestro corazón y de la Sabiduría Universal para tener la certeza de que vivimos en armonía, hacemos lo mejor, vibramos acertadamente y ayudamos a que esto sea posible.

ALEJANDRO TRONCO GAMBOA,
Máster del Sistema Annamorah

Dar un testimonio sobre el libro de "Registros Akashicos" de Anna Ramon Pinto, me es difícil ya que me enfrenta a expresar en pocas palabras una experiencia, que personalmente ha sido TOTAL para mi. Es parte de mi historia, me explico, tiempo antes de que Anna escribiera el libro, yo busque la oportunidad de hacer su curso, cosa que no se dio. Por ello es hasta que entro nuevamente en contacto con Anna y leo su libro, fue como abrevar en una corriente clara, fresca y vigorizante, ya que me permitió reconocer el quehacer de nuestra vida.

Fue revelar la sabiduría ancestral de forma fluida y sencilla pero con la coherencia de un solo pensamiento amoroso.

Ha sido constatar después, que con el Curso de lector de Registros Akashicos, se me ha permitido poner en practica un conocimiento que me ha dado un cambio radical ya que me ha permitido pasar de ser un espectador a director de mi propia vida. Gracias Anna.

MARIA ANGELES CORDERO CARRACEDO,
Máster del Sistema Annamorah

Yo tuve una experiencia de volver a la vida, yo volví de la Luz en esta vida, en el aquí y ahora, en el año 2009 el 11 de junio, nacía mi hija pequeña, era mi cuarta cesárea. A las 48 horas más o menos de nacer mi hija a mí se me desgarra el útero y yo me desangro internamente, me vuelven a operar pero para ese momento yo tenía ya una infección generalizada, (una septicemia). Estoy dos días en coma, y regreso.

Mis maestros, mis guías, ellos me mandaron volver. Yo por aquel tiempo solo hacia Reiki. Y un día buscando preguntas, navegando por internet me encontré con Anna. Un video suyo vino a mis manos. En ese video hablaba de los Registros Akashicos. Me pongo en contacto con ella, la busco. Y hago el primer nivel y me lee mis registros, esto es en el año 2011. Anna me lee los registros, yo en ese momento no entendía lo que me quería decir; me dice de donde vengo, yo le pregunte y pienso.... perfecto pero para que me sirve. Me dice las vidas que he vivido, y pienso lo mismo Y me dicen; que me ponga en movimiento, que camine. Yo no lo entendía muy bien. Hoy algunas cosas que me dijeron en aquel momento me han confirmado que están en marcha. Que están siguiendo según el plan trazado.

Pero aun así yo los dejo aparcados, los registros, me hice maestra de Reiki. Estudié y sigo estudiando, aura- soma. metamórfico. reflexología. esencias florales. gemoterapia y algo de numerología cabalística.

En el año 2013/2014 los registros vuelven a mí, me llaman de nuevo pero esta vez para profundizar mucho más en ellos. Por supuesto me vuelvo a poner en contacto con mi MAESTRA, con ANNA, y me abrió unas puertas que seguro que estaban para mí pero ella tenía que ser mi maestra. Con ella he llegado a tomar conciencia de que no estamos de paso...., que dejamos huellas. Podría extenderme mas pero yo creo que como testimonio es claro y el mensaje también. Hay cosas de mi testimonio que no son mías, me las están dictando mientras escribo... Muchos besos.

MARIA DOLORES ESPINOZA LOPEZ,
Lectora del Sistema Annamorah

No sabía cómo comenzar este testimonio hasta que sentí que debía hacerlo conectada a mis registros tal y como Anna me enseñó a través del Sistema Annamorah© . Y aquí estoy «traduciendo» y sintiendo esta energía tan amorosa, plena y sanadora.

Se puede llegar a pensar que entrar en los registros es oír voces, ver ángeles o cualquier otro tipo de entidad. He de deciros que no, es tan sencillo como hermoso, sentir la energía y con la práctica traducirla, estar abierto a nuevas formas de sentir y percibir y con la guía de Anna llegas hasta dónde TU te permites.

Los Registros Akashicos me han ayudado a crecer, a sanar y a recordar Quién Soy. Poco a poco va cambiando tu percepción de la vida, de las personas, de las situaciones...

En el camino te encuentras, justo cuando lo necesitas, ángeles humanos que te ayudan a avanzar. Anna es uno de ellos.

Gracias Anna. Gracias a mis maestros, guías y seres queridos. Y así ES. Un abrazo de luz.

MAR TENDERO GARCÍA,
Lectora del Sistema Annamorah
He aprendido muchísimo contigo en el taller online de SARAH y te lo agradezco de veras. Ahora veo todo diferente, sobre todo las cosas difíciles de llevar. Lo veo todo como un aprendizaje. mira como volver a la escuela, pero esta escuela de vida mola más que la de cuando era pequeña. Un abrazo de luz y amor. Me alegro de habernos encontrado de nuevo. Gracias Anna.

PILI IÑARRA,
Lectora del Sistema Annamorah
Buenas a tod@s. La verdad es que no pude estar en la gala pero el regalo que les has hecho a las que estuvieron, para mi también ha sido un regalo, Pues muchas de las respuestas que les has dado a ellas me sirven de mucho a mí, es como si te las hubiera hecho yo. Por otro lado el curso me está gustando mucho, pues aún no lo he acabado y me falta mucho por aprender, pues lo de las lecturas lo llevo poco a poco, muy poco a poco. Pero en serio que este curso me está ayudando mucho a darme cuenta de muchas cosas que me pasaban, a ver que son aprendizajes que se me han repetido a lo largo de mi vida y no las había tenido en cuenta. Ahora estoy más abierta y mas atenta. Intento vivir en el ahora, aunque la inercia me lleva, pero cada vez menos. La verdad es que este curso se me ha cruzado en un buen momento, pero aún no le he podido sacar todo el jugo. Espero seguir en ello y poder acabarlo en la siguiente, o bueno acabar no, seguir y seguir. Practicar y practicar. Me ha encantado. Gracias, gracias, gracias. Yo estos videos los tengo que ver una y otra vez, por que nunca son como los has visto anteriormente, cada vez vas dándote cuenta de más cosas. Gracias, gracias, gracias. Y a mis compis, siento no haber podido estar con vosotras, pero sé que estáis ahí y me habéis ayudado mucho estando ahí. Gracias, gracias, gracias. Un gran abrazo.

CECILIA LUY MONTEJO,
Lectora del Sistema Annamorah

Con la formación de SARAH he aprendido a tener confianza, a escucharme sin preguntarme todo el tiempo de donde viene la información, sin preguntarme siempre… y decir… ¿de verdad? O me lo invento! Solo hay que abrirse de corazón… podemos canalizar todo, no hay límites, es maravilloso!!! Me lo tengo que creer y confiar un poquito más, y estoy en ello. Mil gracias, Anna, todo lo haces más fácil! Estoy muy contenta con todo lo que he aprendido con la formación.

PATRICIA PAZO,
Lectora del Sistema Annamorah

Gracias Anna, me has aclarado mucho en todos los vídeos de la formación online SARAH, aún tengo un poco de duda, pero supongo que hay cosas que mi mente aún no entiende, son muchos años con una forma de pensar y de repente todo ha cambiado. Pero estoy feliz de este cambio porque me está gustando mucho más de lo que esperaba. Es todo increíble y lleno de luz y amor. Un beso enorme de luz.

NOTAS FINALES

- Toda la información que acabas de recibir, te abre y sintoniza con las más altas energías akashicas, y será tu responsabilidad utilizarlas para tu mayor bien y el mayor bien de todos los involucrados.
- Este libro no certifica a ninguna persona como lector del Sistema Annamorah®.Para obtener la titulación oficial como Lector/a del Sistema Annamorah® y dedicarte profesionalmente a través de este sistema con el aval de la Escuela de Evolución Consciente Annamorah, deberás realizar el taller online. Tienes toda la información de la formación en mi web www.annaramon.com
- Anna Ramon Pinto no se hace responsable de las lecturas realizadas a uno mismo y a otras personas sin haber realizado la certificación oficial Annamorah®.
- Si ya te formaste como Máster SARAH®, este libro es el único material oficial autorizado por Anna Ramon Pinto para enseñar en los cursos, no pudiendo modificar el contenido del mismo y trabajando solamente a través del libro y el material adicional en pdf y mp3 que se proporciona en la formación del Máster. Cada alumno deberá tener un ejemplar del mismo (la adquisición del mismo corre a cargo del alumno).

- Puedes ampliar todos estos conocimientos y enseñanzas con los demás programas y cursos del Sistema Annamora®. (www.annaramon.com)
- Todo el material contenido en este libro está protegido con copyright y por derechos de autor Anna Ramon Pinto, así como forma parte de la marca Anna Ramon Annamorah®. Cualquier copia del mismo será denunciable por parte de la autora del mismo.

SOBRE LA AUTORA

Anna Ramon Pinto es editora y escritora de 4 libros, Formadora de Terapeutas del Alma, Canalizadora, Escriba Akashica, Canalizadora y Custodia del Sistema Annamorah para la lectura de Registros Akashicos SARAH, Coach de Vida, especializada en Terapias Energéticas Alternativas desde el año 2001 a través de los registros akashicos.

Su pasión es compartir el conocimiento para que cada uno se proclame Maestro de su Ser, para que pueda superar todos los obstáculos desde el Conocimiento, acompañando a todos aquellos que lo desean a recorrer Sendero del Guerrero para encontrar al mago interior que guarda todas las respuestas del akasha.

Es trabajadora de la Luz, Guerrera del Arcángel Miguel y un canal de luz y amor. Le apasiona la escritura, el baile, la docencia y la música. En toda su trayectoria profesional, se ha dedicado a formar a terapeutas del alma, guiándolos en su propio proceso de auto-descubrimiento. Actualmente se dedica a escribir, formar, acompañar, facilitar, asesorar y mostrar cómo cada uno puede llegar a la auto-maestría interior a través de SARAH, un viaje de amor hacia el corazón de tu alma con los registros akashicos.

También se la conoce con el nombre Annamorah. Este nombre nace de una canalización, donde se le susurró este nombre al oído, y a medida que van pasando los días, los meses y los años, va descubriendo el tesoro que esconde. La palabra Annamorah contiene toda la información sobre su misión y trayecto en esta existencia. Annamorah es su Proyecto de Vida.

Anna es descodificadora de la luz y con ello desarrolla los múltiples programas de Automaestría Interior y Crecimiento Personal, en el área de la Terapia Alternativa, Terapia Energética y Emprendimiento espiritual de la Escuela Online Anna Ramon Annamorah®, la cual dirige desde el año 2006.

La propuesta de Anna es dar las herramientas para empoderarse de sí mismo, conectar con su voz interior, coger el poder interno, estar alineado con el Universo y alcanzar el éxito en cualquier área de la vida, llevando a sus alumnos y clientes a transformar sus vidas por medio de cursos, talleres, mentorías privadas y conferencias desde los registros akashicos. Todos sus métodos son eficazmente probados.

Si estás esperando un cambio, no dudes en contactar conmigo. Se que puedo ayudarte y acompañarte en tu proceso de despertar espiritual.

OTROS TÍTULOS DE LA AUTORA

ESCUELA DE EVOLUCIÓN CONSCIENTE ANNAMORAH
"Donde lo difícil se vuelve fácil"

Anna Ramon Pinto
Canalizadora del Sistema Annamorah, CEO de la Escuela de Evolución Consciente Annamorah,
Escritora Espiritual y Facilitadora Akashica.

info@annaramon.com
www.annaramon.com

NOTAS

www.ingramcontent.com/pod-product-compliance
Lightning Source LLC
Chambersburg PA
CBHW071417160426
43195CB00013B/1725